李丛（滗姻） 著

NO
MUSS
NO
FUSS

不慌
不乱

轻松
养育多孩

人民邮电出版社
北 京

图书在版编目（CIP）数据

不急不乱　轻松养育多孩 / 李丛著. --- 北京：人
民邮电出版社，2019.1
ISBN 978-7-115-50191-2

Ⅰ. ①不… Ⅱ. ①李… Ⅲ. ①家庭教育 Ⅳ. ①G78

中国版本图书馆CIP数据核字(2018)第259368号

内 容 提 要

很多妈妈历尽艰辛生下了二胎，期待他们手足相亲，可是，家里经常充斥着这样的声音："这是我的！""不许碰我的东西！""我不要弟弟了！""什么时候把妹妹送回去？""妈妈，他打我！他故意的！""妈妈，你好久都没陪我了……""妈妈不爱我了……"

多子女家庭的挑战是一个孩子的家庭的 N 倍！手足情深只是想象中才有的美好画面吗？"俩娃以后，精彩依旧"的秘诀是什么？妈妈们缺乏的并不是耐心，而是切实有效的养育方案！

本书作者首创了"SECT多子女养育法"：用看见（See）代替比较，用鼓励（Encourage）代替刺激，用合作（Cooperate）代替竞争，用信任（Trust）代替公平。将心理学理论灵活地应用到 20 个具体的多子女养育挑战场景当中，切切实实地教会父母如何解决多子女家庭的育儿问题，共建幸福家庭。书中的方法已经在数千个多子女家庭实践，希望本书提供的方法能够帮助更多的多子女家庭应对挑战，有能力创造幸福，拥有"不后悔"生二胎的资本，以及创造美好生活的勇气。

◆ 著　　　　李　丛（淞姻）

　　责任编辑　马雪伶
　　责任印制　马振武

◆ 人民邮电出版社出版发行　　北京市丰台区成寿寺路 11 号
　　邮编　100164　　电子邮件　315@ptpress.com.cn
　　网址　http://www.ptpress.com.cn
　　北京缤索印刷有限公司印刷

◆ 开本　880×1230　1/32
　　印张　10.375
　　字数　244 千字　　　　　　　2019 年 1 月第 1 版
　　印数　1—1 5000 册　　　　　 2019 年 1 月北京第 1 次印刷

定价：59.00 元

读者服务热线：(010)81055410　印装质量热线：(010)81055316
反盗版热线：(010)81055315
广告经营许可证：京东工商广登字 20170147 号

是什么给了二胎妈妈
再生一个的勇气?

孩子是上天赐给父母最好的礼物,蒙祝福的人才生养众多。

然而,在现实生活中,二胎这个话题却一直和"勇气"挂钩——二胎妈妈总会被问:"是谁给了你勇气,让你敢再生一个孩子?"

在我的多子女养育课堂上,我常常问来上课的父母们:"亲爱的爸爸妈妈们,请问,当初是什么让你有勇气生下二胎(或三胎)呢?你是否后悔过呢?"

有超过 2000 位父母回答过这个问题,下面这些答案代表了很多父母的心声。

意外诞生,选择接纳
妈妈:小璇(大宝四岁半,二宝两岁)

我怀上妹妹的时候是个意外,当时我和先生面临的最大挑战就是没有长辈帮忙带孩子。但是,我肚子里有了小生命,就有了爱和勇气。因此,虽然整个过程中遇到了很多困难,我还是坚持把妹妹生下来了。我没有后悔,这个过程我收获太多了!我的孩子引领我走上新的道路。

有手足，更欢乐

妈妈：小琼（大宝六岁，二宝三岁）

我自己有姐、弟、妹，四人平时相互照应，聚在一起其乐融融。因此，从我结婚时就想要两个孩子，让孩子有手足，更欢乐。目前最大的障碍是在带大宝上培训班时，也得把二宝带着，不过我都克服了。在大宝上培训班时，我为二宝创造可以玩的环境，比如带上二宝的画本或带他到周边的游乐场。我没有后悔过。

双胞胎，没得选

爸爸：小义（龙凤胎，三岁）

双胞胎没得选啊！

最大的阻碍是精力跟不上，同时带两个孩子，需要耗费大量的精力，尤其是当大宝二宝同时生病都需要照顾的时候，会感觉精力不足。怎么会后悔呢！一次搞定一儿一女，幸福都来不及呢！

接纳每个生命的到来

妈妈：小洁（四个孩子）

我目前是四个孩子的妈妈，四个孩子都是计划外有的，怀孕了就生了。一直有一个信念，就是：接纳每个生命的到来。遇到的阻碍就是孩子多，放学的时间不一致，接送孩子的时间安排会有困难。我从来没有后悔过。

危急时刻，有人分担

妈妈：小荣（大宝四岁，小宝一岁）

2011 年我妈妈生病，昏迷不醒，我和弟弟两人轮流照顾，那时候就庆幸，幸亏我们是姐弟两个，可以互相关照，在那样危急的时刻有人分担。所以，自那以后，我就下定决心以后要两个孩子，当我们老了的时候，孩子不必一个人承受那么大的压力，有压力的时候还有人倾诉、分担。最大的阻碍是目前没人帮忙带二宝，保姆还没找好。从不后悔。

跟孩子一起成长

妈妈：小丹（大宝七岁，二宝十个月）

我是意外怀孕。二宝给了我很多力量，让我愿意为和老公的关系再努力一把。带二宝很辛苦，但是现在回头看，我其实真不后悔，我庆幸自己生了二胎，让我可以跟孩子们一起成长。二宝的到来，让我更有勇气去面对和老公的关系，也让我的家庭充满更多的欢乐。

可能有人会觉得，我是不是专门挑选了"不后悔"的案例写在书里了呢？其实，对于这个问题，还有更多父母给出了感人的答案，我把它们都收录在"妈妈点赞"公众号里，打开公众号，回复"勇气"就可以查看。在接触了大量多子女家庭的一手案例之后，我发现，很多觉得生二胎会后悔的父母，往往是还在纠结"生还是不生"阶段的父母。真正生了二胎，并开始学习的父母，给出的答案基本上都是"不后悔"！

同样的问题，我也问过我自己："是什么给了我勇气，让我愿意再生一个？"

我是独生子女，从我准备当妈妈开始，就无比坚定地想要生两个孩子。那个时候，我认为，我想生二胎的原因是让自己的孩子有伴，是为了让孩子不要像我小时候那么孤单，只能自己跟自己说话。

然而，国家政策放开了，可以生了，我和老公却犹豫了一年多，才敢怀孕。怀二胎时，我仍然有很多的担心，包括经济压力、谁来带孩子、事业停滞、没有自己的时间等。

事实上，真正给了我勇气的，是我身边的一位榜样妈妈。当我担心生二胎会让我事业停滞、无法继续讲课时，我看到一张照片，她是我的好朋友，一个绍兴的亲子讲师，照片上她一边抱着三个月大的二宝一边在讲课。她的表情温柔而坚定，听课的学员并没有觉得被打扰，反而感受到一种母亲的力量，被激发了无限的勇气。我突然觉得生二胎，也许不是个灾难，说不定会激发我最大的潜能，让我可以既能实现梦想，又能轻松带娃！

果然，因为榜样妈妈的力量，怀了二胎后，我的勇气和力量也与日俱增。我发现我的生活并没有因为二宝的到来变得一团糟，反而有了更多新的选择。

第二次怀孕，我不再灰头土脸地度过孕期，而是买了很多新的孕妇装，拍了很多大肚子的漂亮照片。整个孕期，我都坚持全国授课，自己一个人拖着行李就出差了。预产期当天，我还在游泳，被学员们称为"最能蹦跶的孕妇"。生一胎时受过的罪，到了二胎都变成了享受，二宝顺产时，我还学习了"催眠分娩"，老公在产房陪产，一直紧握我的手支持我。甚至因为二胎顺利的分娩经历，我疗愈了生大宝时产生的恐惧。

生完二胎，我开始身体力行地倡导一种"俩娃以后，精彩依旧"的生活方式，这种方法提倡养育多个孩子，妈妈不是"牺牲"，而是"享受"。因此，我也成为了朋友圈里的榜样妈妈。生二宝的时候，我比怀孕前重了 40 斤，一年半以后，通过跑步、健身、瑜伽、潜水等运动，我瘦下来 30 多斤，同时，讲课、写书、拓展新视野，我一样也没落下。

一位刚刚怀上二宝的妈妈告诉我："丛丛老师，我想生二胎其实是受你的影响呢！我在朋友圈看着你的二宝长大，觉得你在孕育孩子的过程中太享受生命了，一路绽放，想起我有大宝那会太紧张了，所以我想重新感受一次，用科学的方法养育孩子。"

我的搭档、正面管教导师徐燕玲，邀请我去广州讲了一期"多子女家长课"。上课前，她说："你不来讲课，我不敢生。"上完课后，她说："看到你带着二宝还能出来讲课，我觉得我也没有什么做不到。"她的二宝小欢欢从诞生 31 天起，就开始跟着妈妈出差讲课，16 个月的时候，已经跟着妈妈出差 30 多次，走过 30 个城市，一直喂母乳，吃饭也特别好，跟大人一样什么都吃。孩子身体也很好，一年之内只发烧过两次，其中一次是疱疹咽峡炎，没用药就自然痊愈。徐燕玲成了新的榜样妈妈，开始影响更多的多子女家庭，轻松淡定地养育两个以上的孩子。

我是国内最早的正面管教导师之一，开设过上百期面对普通父母的家长课堂，面对面教授过逾 3000 位父母。我所骄傲的是，我研发的"SECT 多子女养育法"家长课堂 (简称"多子女家长课")，在北京、上海、深圳、广州等一线城市巡讲，期期爆满。一期班 35 位收费学位，最快 4 个小时就报满了。

我看到了二胎家庭对科学养育多子女的强烈需求，为了帮助更多的多子女家庭，我不仅自己讲课，也培养讲师，但仍感觉无法满足多子女家庭的需要。因此，我决心将我多年的理论研究，结合实战案例，写成书籍，帮助更多的多子女家庭。

《不急不乱　轻松养育多孩》，这本书既是写给"不后悔"生了二胎的父母的，也是写给"鼓起勇气"想要生二胎的父母的。因为，只有我们充分了解多子女家庭可以有方法应对挑战，有能力创造幸福，才真正有了"不后悔"的资本，才真正有了创造美好生活的勇气。

在这本书里，我从 20 个多子女家庭最常见的挑战场景入手，将我研发六年，实践三年的SECT多子女养育法——"用看见（See）代替比较，用鼓励（Encourage）代替刺激，用合作（Cooperate）代替竞争，用信任（Trust）代替公平"应用到具体的生活实践中，切切实实地教会父母如何解决多子女家庭的育儿挑战，共建幸福家庭。

这是一本新鲜的书，书中大量的"育儿模型"，是我将心理学的多学科知识应用在多子女养育领域的独创。有的方法你可能没见过，有的方法你可能见过，但可能是第一次看到它应用到多子女养育领域。

这是一本实用的书，书里的"育儿模型"，不仅在我的家庭实践有效，更因为"多子女家长课"在全国的开展，让这套方法在 500 余个多子女家庭中落地实践，得到非常好的效果。学员们在上课后持续打卡，分享的超过 5000 个实践案例，为我研究"SECT多子女养育法"提供了大量的一手资料，让我可以持续跟踪调查，并不断调整方法的实用性。在此，特别感谢这些多子女养育家庭教育的先行者，愿意为了孩子，投入自己的时间、精力，并愿意为了孩子做出改变。

这是一本有温度的书，书中的"微案例"，大部分来自于参加我的"多子女家长课"的父母、我身边的榜样父母，以及我自己。我希望通过这些"微案例"，让大家看到方法的落地应用不是冰冷机械的，而是温暖流动的。因为我们是在面对活生生的孩子，我们的孩子。

这是一本可以与读者互动的书，书中还有很多我设置的"小测试""小调查"，可以帮助父母做明确的定位，找到自己问题的症结。同时，每一节结束都有"作业"，我希望每一位父母在阅读的同时，也能动手完成家庭作业。每一个互动环节，都是为了让父母从"知道"到"做到"，这些"育儿模型"的技巧，只有在生活中实践并且发生作用了，改变才能真正发生。同时，也欢迎大家在"妈妈点赞"公众号与我互动，在那里你也可以找到我的线上打卡课程。

养育两个以上的孩子，是挑战，也是机遇。我们都会因此成为更好的自己。愿本书的读者，从翻开这本书开始，就能和我一起，真正地享受养育两个孩子的幸福生活，都可以"俩娃以后，精彩依旧"。

目录
MOMUP

1

1.4 老大的榜样怎么做

"我不想当哥哥了。"

第2章 # 期待中的手足相亲，
不要变成一地鸡毛 ——————

2.1 了解儿童心理学，轻松引导孩子学会"分享"

"这是我的！"

2.2 解决孩子物权问题的"五角星行动"

"谁的东西归谁玩？"

第 4 章 **爱要怎么给，才能确保两个孩子都收到** ——————

第5章 分担，是家人真诚的愿望

5.1 照顾好自己情绪的"红绿灯法则"

"我快崩溃了！"

5.2 改变三个手势，轻松调动爸爸参与育儿

妈妈们的集体大吐槽

5.3 全家分工，共同承担养育责任的三个法宝

生个二宝，谁来带

5.4 "幸福家庭共建法"，营造合作的家庭氛围

带两个孩子还能愉快地旅行吗

第 1 章

二宝出生了，
大宝怎么了

1.1 大宝同意才敢生

成为父母，意味着承担责任。

"我不同意妈妈再生一个弟弟妹妹！"

在一次育儿讲座上，一位三岁孩子的妈妈问我："丛丛老师，你在怀二宝之前，有没有跟老大商量过啊？他同意吗？我们家啊，得老大同意了才敢要老二呢。"

我问："生孩子是不是一个很重大的人生决定？"

她说："是的。"

我说："既然是这么重大的人生决定，让一个三岁孩子来做主，是不是太沉重了？如果他现在说同意，将来反悔了，说不喜欢小宝宝了，大人会不会说'当年是你说要生，妈妈才生的啊，还不都是为了给你做个伴儿？'如果他说不同意，你听从吗？会不会又一直想尽办法去说服他，孩子反而会因此感受到更大的压力，更不想要小宝宝了。"

那么，生二胎究竟该谁来决定呢？

我跟很多想生二胎的父母讲过三件事。

第一，生二胎，不能跟风，不能因为被老人催，或者觉得自己年纪大了，赶紧生一个。生二胎应该是父母认真思考后做出的一个郑重的决定，我们自己需要为这个决定负责。

第二，生二胎，不能因为大宝说我想要个弟弟妹妹，妈妈一冲动，给孩子添个伴儿吧。我们应该很清楚，养孩子不是一件容易的事，它需要父母双方齐心协力来做好这件事。大宝负不起这个责任。

第三，生二胎，并不是大宝同意了妈妈才能生，而应该是父母认真考虑好了要生二胎，然后再将这个决定郑重地告知大宝。同时，可以让大宝和父母一样，做好迎接这个新生命的准备。

接下来，我要教给大家一个新方法，叫"接纳二宝三部曲"。

第一部曲——身份升格

第二部曲——倾听心声

第三部曲——甜蜜回忆

奏好这三部曲，就能帮助大宝顺利地接纳二宝的到来，跟爸爸妈妈一起谱出幸福生活的新乐章啦。一起来看一看具体需要怎么做吧。

身份升格："你当大哥哥了！你当大姐姐了！"

创造身份升格的简单又好用的方法，是把哥哥姐姐这个新身份和幸福的事情联系在一起。让大宝认可这个新身份，让大宝觉得成为哥哥姐姐是件很骄傲的事情。

我们来看看轩轩妈妈是怎么做的吧。

【微案例】升级"哥哥"的礼物

知道自己怀孕的那一天，轩轩妈妈买了一个蛋糕，然后神秘兮兮地对轩轩说："晚上吃完饭，妈妈要宣布一个大惊喜！"轩轩眨巴着眼睛，问妈妈："妈妈，是什么惊喜呢！"妈妈神秘兮兮地说："到了晚上你就知道啦。"

这天晚上，轩轩比平时吃得快多了，不仅自己吃得快，还一直催爸爸："爸爸你快点吃，你吃完妈妈要宣布一个惊喜。"

吃完饭，妈妈从厨房捧出来一个大蛋糕。

打开蛋糕，妈妈突然变出了一个魔法棒，对着轩轩挥了一圈，然后一字一顿地说："轩轩小朋友，从今天开始，你升级了！"

"升级？什么叫升级？"轩轩好奇地问。

"你要当哥哥啦！妈妈肚子里又有了一个小宝宝！这是爸爸妈妈送给你的——升级'哥哥'的礼物哦！"妈妈递给轩轩一份包装好的礼物，兴奋地宣布。

軒軒也兴奋了！哇，原来当哥哥这么好啊！还有礼物收。轩轩摸着妈妈的肚子，骄傲地对小宝宝说："嘿，我是你哥哥哦！"

创造"哥哥姐姐"的身份感，除了使用上面案例中的方法，爸爸妈妈还可以这样做。

（1）鼓励大宝与二宝连接。比如，让大宝每天晚上给肚子里的二宝讲故事，跟肚子里的二宝说晚安。妈妈上医院检查时，带着大宝，给大宝看肚子里二宝的B超影像，请他一起倾听胎心，感受喜悦。

（2）赋予大宝一些特别的权利。比如，邀请大宝当翻译官，给妈妈翻译一下肚子里的二宝传递的爱的信息。妈妈可以跟大宝说："隔着肚子，妈妈真的不知道小宝宝在想什么哦，我觉得他／她可能比较听得懂哥哥（姐姐）的话，你可以帮我翻译一下吗？"

（3）树立当哥哥姐姐的自豪感。爸爸妈妈可以当着大宝的面跟肚子里的二宝说话，告诉二宝："宝贝，你拥有一个很了不起的大哥哥（大姐姐）哦，你是多么幸运啊。"

倾听心声："妈妈也想听听你的想法！"

当大宝说："我不想要个小弟弟小妹妹，那样你们就不爱我了！"

请注意，父母一定不要像下面这样说。

× **说教** "你怎么可以这么想呢，小弟弟小妹妹出生了，是多一个人爱你啊！而且你也可以有个伴儿一起玩啊，妈妈会爱你和爱弟弟妹妹一样多的！"

× **哄骗** "妈妈生病了，所以肚子才大起来的！"

× **吓唬** "你要是再这么说，我就不要你了，等弟弟妹妹出生后，你就去别人家吧！"

× **忽视** "还是小孩子，说说就过去了。"

以上这些方式，不仅不能让大宝接受二宝，反而更容易引发大宝对二宝的敌意，产生更多误解。

当大宝暂时还不能接受二宝时，父母可以尝试这样说。

√ **倾听** "宝贝，妈妈很想听听你的想法呢？"

√ **重复** "哦，妈妈听到了，你是觉得小婴儿会一直哭，就像隔壁的小宝宝一样。"

"妈妈听到了，你是觉得小宝宝会跟你抢玩具，妈妈也不能只跟你一个人玩了。"

√ **理解** "妈妈理解你的担心，要是小宝宝一直哭我也会很烦的。你可以想办法帮我逗逗他吗？"

"要是有人抢我的玩具，我也会很苦恼的，到时候妈妈会跟你一起想办法的。"

✓ **表达爱** "听起来你很不喜欢有个小弟弟小妹妹呢，小婴儿确实会分走妈妈的一部分精力和关注，有的时候你可能会觉得得不到爱。但是你是我唯一的大宝啊（可以说出孩子的名字），妈妈爱你只是因为你是我的孩子，这一点有没有小婴儿都一样。无论他需要多少时间来照顾，我都会给你足够的爱……"

通过这样的倾听、重复、理解、表达爱的方式，可以打消大宝对二宝的敌意。

甜蜜回忆："你也住过妈妈的肚子里！"

每一个大宝都曾住在妈妈的肚子里，我觉得怀二宝对于大宝来说，是再好不过的生命教育的机会了，这也是妈妈传递爱的好时机。

【微案例】"你住的小房子，我也在里边住过哦！"

我怀二宝时，经常给大儿子威威讲他在我肚子里的故事。

我把威威的手放到我的肚子上，他可以感受到肚子里小宝宝的胎动，我说："你在妈妈肚子里的时候，动得可不太一样呢！经常把妈妈的肚子顶出来一个大包，然后我就会兴奋地摸着那个大包，开始猜，这是威威的胳膊呢，还是威威的脚？或者是威威的屁股？"威威听到"屁股"，开始"咯咯咯"地大笑！问："然后呢？然后呢？"

"然后啊，我就用手敲敲那个鼓起来的大包，你就会在肚子里顶两下，就好像在跟我做游戏！我又换个地方敲敲，你又会在我敲的地方再顶两下，可好玩了！"

听到我这么说，他也试着在我隆起的肚子上敲了敲，想看看里面的小宝宝会有什么反应。

我搂着威威，给他念了一封信——你的存在，让我很幸福。这是我写给威威的第一封信。

写给威威的第一封信

你的存在，让我很幸福

亲爱的宝宝：

这是妈妈写给你的第一封信，你在妈妈的肚子里已经超过 28 周了。

每天早上，你都会跟着妈妈一起醒来，肚子挨着你爸爸的时候，他也会问，宝宝动了，是不是醒了。然后我就坐起来，看着你在我的肚子里"跳舞"，肚子会被你震得一颤一颤的。你也会把妈妈的肚子拱起一个大包，偶尔在左边，偶尔在右边。我会摸摸那个拱起的地方，想问问你，这是不是你的小脚丫？现在连爸爸都能很明显地看到你的动作啦，所以你每动一下，爸爸妈妈都会开心地笑着，摸摸肚子，问问宝宝在干什么呢，睡得好不好。你的存在感越来越强了，我的幸福感也越来越强。

亲爱的宝贝，妈妈昨晚又梦到你了。妈妈梦到你出生了，还是提前跑出来的，虽然提前了，却有5斤4两重，长得跟我小时候一模一样。我是头一次做情节这么详细的梦。只是在梦里看到你一眼，我就离不开了，时时刻刻都挂念着你。而这种情感真的无法用语言来表达，亲爱的宝宝，你能感受到这种爱吗？

你的不期而至，是我这26年的人生中得到的最好的礼物。虽然，我的工作、生活，所有的一切都在发生着剧烈的改变。但是因为你的到来，我对未来更加充满信心。我们会变得更好，爸爸也是，妈妈也是，都会因为你而更加乐观、积极。

只剩下最后的三个月啦，我们越来越期待你的诞生，想知道你的模样，想知道你是否健康，想知道你长得像谁，想知道你是个男孩还是女孩。在你到来之前，我们只拥有两个人的小幸福，你的到来，将幸福倍增了、提升了，我们会一直爱惜着对方，更会爱着你。并且因为你，我们拥有了一个永远也无法舍弃对方的身份，我们成为了你的爸爸和妈妈，我们有了更加值得共同努力的目标，那就是尽我们最大的能力给你幸福和快乐。

亲爱的宝宝，我只想告诉你，我真的很幸福，只因为有你的存在。

你的妈妈写于 2010 年 3 月 16 日

念着念着，我的泪水就不自觉地往下流，回想起大宝在我肚子里的日日夜夜，他带给我的每一丝惊喜，每一份感动，我是多么爱这个小生命啊，从他还是一颗受精卵开始……

威威伸手替我抹了抹眼泪，靠我靠得更紧，对我说："你要是觉得感动的话，就每天给我念一遍吧。"然后又把脸贴在我的肚子上，对肚子里的小宝宝说："嘿，你住的小房子，我也曾经在那里住过哦。"

我跟爸爸妈妈们分享这个故事的时候，很多人都流泪了。

我发现，当我很自然地表达对大宝的爱时，大宝也可以很自然地表达对小宝宝的爱。爱是可以传递的！

【作业】清单：选出能用在自家的"家庭新成员欢迎仪式"

家里将要迎来一位新的家庭成员了，请爸爸妈妈们邀请大宝一起想一想，我们可以用什么样的方式一起欢迎新成员呢？

迎接新成员的过程最好能具有仪式感，这样不仅可以让每位家庭成员更为重视即将到来的新成员，还会使大家在准备的过程中充满迎接新生命的幸福感。接下来，我们一起来看看下面这个清单，然后选出适合自己家使用的方法吧。

请在 □ 内打钩吧。

□ 请大宝送小宝一张贺卡，画上爸爸、妈妈、大宝和小宝的模样。

□ 请大宝选一个玩具送给小宝。

□ 请大宝给小宝起名字。 Name

□ 请大宝帮忙布置小宝的房间或婴儿床。

□ 请大宝跟妈妈一起买小宝的衣服。

□ 用一个娃娃，教大宝学会怎样给小宝洗澡。

□ 请大宝想一想小宝哭的时候可以怎样逗小宝笑。

11

☐ 请大宝想一想可以跟小宝一起玩的游戏。

☐ 请大宝给小宝讲故事。

☐ 跟大宝一起制作一个欢迎标语，写上"欢迎新成员"。

☐ 跟大宝一起制作邀请卡片，邀请亲朋好友来看小宝。

这些方法，我们可以邀请大宝一起选择其中的 3 ~ 5 项来做，这样可以培养大宝对即将到来的小宝的兴趣，也可以减少大宝心理上对小宝到来的担忧。

请数一数，你一共选择了＿＿＿＿＿ 项帮助大宝迎接小宝的方法。

你跟孩子还有没有讨论出新的方法,欢迎小宝的到来?

新方法 1：＿＿＿＿＿＿＿＿＿＿

新方法 2：＿＿＿＿＿＿＿＿＿＿

新方法 3：＿＿＿＿＿＿＿＿＿＿

1.2 嫉妒悄无声息地到来

当我们能让孩子感受到爱的连接，为他创造爱的空间的时候，孩子就会传递爱。

⊙ "有了小妹妹，你就不喜欢我了吗？"

很多父母来上多子女养育课的时候，都会问我这样一个问题："为什么老二出生后，老大变得不懂事了？"

多多妈妈在二宝小米粒出生后，也有了同样的烦恼。

多多的小妹妹从医院回家了，很多亲戚朋友来看她，大家给小宝宝带了好多礼物，有小衣服、小玩具，还有婴儿车。晚上，妈妈发现多多有点闷闷不乐，等到睡觉的时候，多多突然搂着妈妈说："妈妈，有了小妹妹，你就不喜欢我了吗？"

妈妈赶紧说："多多，妈妈非常爱你哦，有了小宝宝也一样喜欢你的。"

可是，多多仍然闷闷不乐。

为什么老二回到家，老大会产生嫉妒心理呢？

我们试着转换一下身份，把自己变成五岁的多多，看看从孩子的眼中看到的世界吧。

我叫多多，我今年五岁了。我的好朋友乐乐有一个小弟弟，我也想要一个。（一开始很多大宝并不抗拒二宝的到来）

我想有个妹妹，这样她不会跟我抢玩具，男孩的玩具她不喜欢。（甚至对二宝还有一点点期待）

我妈妈有小宝宝了，好多人问我："你喜欢弟弟还是妹妹？"我都回答100遍了！（大宝被反复提醒，结果激发了对二宝的敌意）

他们总说："妈妈有了小宝宝就不喜欢你了"，我问妈妈这是真的吗？妈妈说不会的。（大宝会从妈妈这里寻求肯定，妈妈往往觉得孩子只是问问，没有重视孩子的担忧）

妹妹回家了，我不能跟妈妈睡了。我想知道妹妹要一直住在我们家吗？她不能回她自己的家吗？可是妈妈说，这就是她的家，她要一直跟我们生活在一起。妹妹出生后，妈妈总在房间里躺着，也不能跟我玩，我叫她，她也不出来，说要休息。我很生气！我不喜欢小宝宝了！（大宝会通过妈妈的行动而不是语言来判断妈妈是否已经不喜欢自己了）

　　妹妹有好多礼物，我一个都没有。我想玩新玩具，奶奶说那是妹妹的，男孩子不要玩女孩子的玩具。其实我只是想看看。（大宝也是个孩子，也需要被关注）

　　好多人问我："你觉得妹妹漂亮吗，你喜欢你的小妹妹吗？"我不想说喜欢了。（新生宝宝很容易吸引所有人的注意力，大宝被冷落了。他的确被忽略了，他的感受是真实的）

　　妹妹洗澡的时候，我想帮忙，我刚碰了一下水，奶奶就生气了，说我把水淋到了妹妹的眼睛里，让我出去。我更生气了！我不想要这个妹妹了，妹妹一点都不好玩！我讨厌她！（自己好心帮忙却被批评，大宝对二宝的敌意又在无意间被大人强化了，然而绝大多数父母此时根本没有意识到大宝的心态产生了变化）

　　从多多的案例中，我们可以看到，二宝的到来，让大宝小小的世界发生了巨大的变化。对于大宝来说，二宝还不是家人，而是一个突然出现的小家伙，这个小家伙抢走了大人们的关注，抢走了妈妈的心。

那么，父母究竟要怎么做才能稳住大宝的心呢？

"缓解嫉妒的 ABC"可以帮助家长引导孩子。

A（Accept）接受落差：理解孩子有情绪

我在家长课上，会邀请父母参加一个角色扮演的活动，在《如何说孩子才能和平相处》一书中，有这样一个测试——试想看看，如果你老公有一天突然领回来一个女人，并且跟你说："亲爱的，你真是太可爱了，我爱你爱得一塌糊涂！所以，我决定领回来一个跟你一样可爱的太太。"你会有什么反应？

你们三个一起上街，人们都说："她也太漂亮了！真可爱啊！"转过头人们又问你："你觉得你家新太太如何？"你会有什么反应？

有一件你很喜欢的衣服，很久没穿了，突然有一天你老公跟你说："你长胖了，衣服不合适了，拿给她穿才合适。"你会有什么反应？

有一天新太太在玩你的新电脑，你想去抢回来，你老公却说："你怎么那么小气呢，给她玩一下又怎么了，要懂得分享啊。"你会有什么反应？

你老公要出门办事，跟你交代："我要出去两个小时，请你照顾好新太太，别让她受伤。"你会有什么反应？

……

几乎每一次我问第一个妻子"你有什么反应"的时候，她都会脱口而出："我要打她！"嘻嘻哈哈的角色扮演活动过后，往往是长久的沉默。第一个妻子遇到的情况是不是很像二宝回到家，大宝所遭遇的冷落？

父母们一下子就理解了大宝——原来，嫉妒是这样迅猛地涌来啊！

当大宝说："我讨厌小宝宝！"时，下面这些做法会伤害大宝。

- × **逗弄**　"妈妈有了小宝宝，就不喜欢你了，你跟奶奶回老家吧。"

- × **说教**　"你应该爱你的妹妹啊，她是你的亲人，妈妈是为了你才生了妹妹，好让你有个伴儿。你怎么这么不懂事。"

- × **训斥**　"你怎么可以这样说？妈妈不允许你这样说话。进你的房间去，等你想好好说话了再出来！"

- × **推脱**　"妈妈在给妹妹喂奶呢，没空给你讲故事，去找你爸去。"

- × **忽视**　"你自己玩会儿，别来烦我。"

下面这些做法可以让大宝觉得得到理解，家长可以按照如下步骤做。

孩子说："我讨厌小宝宝！"

√ **第一步：承认孩子的情绪。**

妈妈（抱着老大）："宝贝，看起来你有些失望，还有点伤心，是因为妈妈一直抱着妹妹喂奶，不能跟你玩吗？"

老大："嗯，妹妹一点都不好玩。"

√ **第二步：分享自己的感受。**

妈妈："妈妈不能陪你玩，也很难受。你希望你需要的时候，妈妈马上出现。妈妈也希望能做到，不过现在有点为难，妈妈需要先给妹妹喂奶。"

老大："你不能先陪我玩吗？"

√ **第三步：共同积极地面对。**

妈妈："我也很想一直陪你玩，当妹妹还是小宝宝的时候，确实要占用妈妈的很多时间。要不我们一起想想办法，在妈妈喂奶的时候，怎么做能让你也感受到妈妈在陪你呢？我像母鸡妈妈那样把'翅膀'张开，你也到我的'翅膀'下面来好吗？或者你有其他更好的主意？"

老大："你坐在旁边看我玩吧！"

如果妈妈真正地理解了孩子，孩子并不会让妈妈为难，也不会用挑战的行为来引起妈妈的关注。得到积极关注的孩子是愿意配合和理解妈妈的。

B（Build）建造连接：小宝也很爱大宝

当妈妈理解了大宝，就不会再强求大宝一定要爱上小宝，妈妈可以向大宝展示小宝的爱。我指导多多妈妈模仿小宝的语气给哥哥写一封信，并且以小宝的名义买一个礼物送给哥哥。

小宝宝给哥哥的一封信是这样写的。

亲爱的多多哥哥：

我是你的妹妹小米粒，我已经在妈妈的肚子里住了10个月了，真是好长好长的时间啊！在妈妈的小房子里，我听到爸爸的声音、妈妈的声音、哥哥的声音。我很想知道你们是什么样子的，所以我跑出来见你们啦！

我见到你的时候，一点都不觉得陌生呢，我们在天上的时候就是好朋友，我们一起看到了爸爸和妈妈，我们都喜欢他们，想要成为他们的孩子，于是我们约定你先来，我再来。现在，我履行承诺来找你啦！

不过，我还要过一段时间，才能和你一起玩。因为刚刚来到地球上，我还是一个什么都不会的小宝宝。（妈妈说，你也曾经是个什么都不会的小宝宝，我只是比你晚了一点点。）

在这段时间里，我需要妈妈给我喂奶，哄我睡觉，一直抱着我。因为我还不会说话，也不会走路，如果没有妈妈的照顾，我可能随时会死掉。

不过，你放心，我会很快长大的，你会发现我有很多很快的变化。我哭的时候，最喜欢你逗我开心，如果有的时候你逗我，我也不开心，可能是因为我饿了，那不是你的错。我喜欢听你说话，因为在妈妈肚子里的时候，就经常听到你给我讲故事。

我会快快长大，跟你一起玩哦！

爱你的妹妹：小米粒

多多收到了妹妹送的礼物，听妈妈读了妹妹写的信，好奇地问妈妈："我跟妹妹以前就认识吗？"妈妈说："听说，兄弟姐妹都是在天上约好的小天使呢，你们还没有进到妈妈肚子里的时候，就约好了都要成为我的孩子呢。"

多多看着婴儿车里的小妹妹，开心地说："谢谢你送给哥哥的礼物哦！你要快快长大，跟哥哥一起玩！"

C（Create）创造机会：了解"爱"的本质

为了让多多相信妈妈平时所说的"妈妈爱你和爱妹妹一样多"，妈妈跟多多一起做了"蜡烛活动"。（蜡烛活动改编自《正面管教 A-Z》）。妈妈拿出四根蜡烛，两根长的，两根短的，跟多多说："妈妈给你讲一个咱们家的故事吧，这些蜡烛代表我们全家人。"

妈妈指着其中一根长蜡烛，说："这是妈妈蜡烛，代表我。"

她一边说一边点燃这根蜡烛，说："这烛光代表妈妈的爱。"

妈妈又拿出另外一根长蜡烛，说："这是爸爸蜡烛。"

然后，妈妈用"妈妈蜡烛"的烛火点燃"爸爸蜡烛"，继续说："当我和爸爸结婚时，我把全部的爱给了爸爸，但是你看，妈妈的爱一点都没有减少。"

接着，多多妈妈把"爸爸蜡烛"放在台面上，拿出一根短一点的蜡烛，问多多："你猜这根蜡烛代表谁？"

多多说："我知道，代表我！"

妈妈又用"妈妈蜡烛"点燃了这根短蜡烛，对多多说："当你出生时，妈妈和爸爸把全部的爱给了你。你再看，爸爸是不是拥有我全部的爱，你也拥有我全部的爱，而妈妈的爱一点都没有减少。"妈妈把这根燃烧的蜡烛递到了多多手里。

这时，妈妈拿出了最后一根短蜡烛，问多多："这根蜡烛代表谁呢？"

"代表小妹妹。"多多说。

妈妈笑了："是的，当你的小妹妹出生的时候，妈妈也把我全部的爱给了她。但是你看，你仍然拥有妈妈全部的爱，爸爸也拥有我全部的爱，妹妹也拥有我全部的爱。而我的爱并没有减少。"

多多看看妈妈手里的蜡烛，火焰果真一点都没有减少，他又看看自己手里的蜡烛，突然说："那我也要把我的爱给妹妹！"于是，多多也把自己手里的蜡烛凑到了妹妹蜡烛上。

"妈妈，你看，我的蜡烛和妹妹的蜡烛靠在一起，爱更多了！"

妈妈感动地说："爱就是这样啊，两个人的爱合在一起，力量会更大。"

多多突然说："那我们把四个人的爱合在一起吧！"神奇的事情发生了，四团火焰凑在一起，变成了燃烧的一大团火。

"哇，我们家有好多爱啊！"

妈妈继续搂着多多说："在现在的阶段，小妹妹需要妈妈经常抱她，给她喂奶，也需要妈妈花更多的时间照顾她。在你小的时候，妈妈也是这样抱着你，给你喂奶的。这只是因为你们的成长阶段不同，并不意味着妈妈不爱你了哦。现在，你能理解我爱你就像爱你的小妹妹一样多吗？"

多多肯定地点点头。

如果妈妈只是口头说："妈妈爱你跟爱弟弟妹妹一样多。"孩子并不会理解，通过爱的蜡烛这样直观的方式，可以让孩子更容易地理解，妈妈的爱其实一直都在。同时，妈妈们自己也常常担心，有了二宝，自己对他们厚此薄彼怎么办？很多妈妈自己在做这个活动的时候，也感动到落泪——"原来爱的本质，并不会因为分给了别人就减少啊！二宝的出生，我分配的并不是爱，而是精力和关注。爱可以在每一个孩子身上。"

【作业】实践：用"爱的蜡烛"表达"妈妈的爱没有减少！"

活动目的：让孩子理解爱的本质。

活动道具：请爸爸妈妈准备四根蜡烛，两根长的，两根短的。

活动步骤如下。

> ① 跟孩子解释四根蜡烛分别代表爸爸、妈妈、大宝、二宝。
>
> ② 点燃妈妈蜡烛，告诉孩子："这个蜡烛的火苗代表妈妈的爱。"然后用妈妈蜡烛点燃爸爸蜡烛，同时告诉孩子："妈妈遇到了爸爸，于是，妈妈把妈妈的爱给了爸爸。"重点强调："你看，妈妈的爱没减少。"
>
> ③ 使用妈妈蜡烛，或和爸爸蜡烛一起点燃第三根蜡烛，告诉孩子："后来妈妈和爸爸有了哥哥（姐姐），于是，妈妈就把妈妈的爱给了哥哥（姐姐）。"重点强调："你看，妈妈的爱没减少"。
>
> ④ 使用妈妈蜡烛，或和爸爸蜡烛一起点燃第四根蜡烛，告诉孩子："后来我们又有了弟弟（妹妹），于是，妈妈又把妈妈的爱给了弟弟（妹妹）。"重点强调："你看，妈妈的爱没减少。"
>
> ⑤ 最后问孩子："现在你能理解，我爱你跟爱弟弟（妹妹）一样多吗？"

请按照书中"爱的蜡烛"的活动步骤，引导孩子了解"爱的本质"吧！此外，还可以写写你的心得和体会哦。

我的心得：_____

_____

_____

欢迎关注微信公众号"妈妈点赞"，我们收集了一些妈妈的心得文章，回复关键词"爱的蜡烛"即可查看。

1.3 大宝怎么变小了

妈妈无条件接纳，会让孩子感觉到自己是安全的，被接受的。

😀 "我也要吃奶！"

弟弟庆庆出生的时候，姐姐欢欢已经上幼儿园了。有一天，老师问妈妈："欢欢连续三天都拉在了裤子里，最近家里发生了什么事？感觉欢欢好像变小了。"

妈妈仔细观察了一天，才发现欢欢真的和以前有些不一样。

原本会擦屁股的她，现在上完厕所，会哭着喊："妈妈，你帮我擦！"

原本吃饭吃得挺好，现在她却吵着："我要喝奶！"还把自己小时候的奶瓶找了出来。

原本会自己穿衣服了，可是现在每天早上她都要喊："妈妈穿。"妈妈不帮忙，欢欢就会大哭一场。

她很早就学会了说话，这一直是妈妈的骄傲，可是现在却说不清楚了，整天像个小宝宝一样哼哼唧唧，让妈妈猜。

欢欢的这些表现平时都被妈妈忽视了，因为刚出生的弟弟实在太闹了，占据了妈妈大部分的注意力。直到老师说了欢欢拉裤子的事，妈妈才意识到问题的严重性，开始寻求我的帮助。

很多妈妈都跟我反映过，老二出生之后，家里的老大好像突然变成了小宝宝，这对妈妈来说，简直是在添乱，真不知道该怎么办才好。

其实，老大这个"变小了"的特殊时期叫"退化行为"，父母如果能做出正确的引导，很快就能过去的。我们一起来看看，正确对待"退化行为"的三个步骤。

科学认知，发现孩子的"求救信号"

我告诉欢欢和庆庆的妈妈，姐姐这样的行为其实是很常见的，心理学上有一个专业的词叫"退化行为"（Regression），简称"退行"。弗洛伊德的人格发展理论认为，人格发展有五个阶段：口唇期、肛门期、生殖器期、潜伏期、生殖期。一个人在高级阶段受到挫败，就会退化到低级阶段去寻求满足，这就是"退行"。

老二出生后，老大有退化行为，是正常的"自我调节"的表现。教育专家廖笙光认为："老大出现退化行为不一定是因为弟弟妹妹出生而导致的。当孩子面临压力，遭受挫折时，也有可能会出现行为倒退的情况。这其实是一种心理防御的机制。"

有的时候，不光是小孩儿，成人身上也会出现类似的退化行为。比如，当有压力的时候，我最喜欢给自己买一个冰淇淋，当我像个孩子一样大口吃冰淇淋时，就会觉得压力释放了很多；很多妈妈跟老公吵完架，会买一大堆点心来安慰自己，像个小孩儿那样不管不顾地吃，这样的行为也会让自己心情愉悦；也有非常理智的爸爸们，白天冷静地应对各种工作，到了夜里，会像一个小宝宝一样缩成一团，蒙着被子睡觉。这些都是退化行为，也都是人本能地自我调节的体现。

如果我们对"退化行为"有了科学的认知，就不会对老大的这个阶段过度地感到焦虑。

老二出生后，出现退化行为的老大其实是这么想的。

——只要我也变回小宝宝，爸爸妈妈就会像以前一样关注我的。

——我也还是个小孩子呀，需要你的照顾。

——我也想要你的关注呀。

——我需要安全感呢。

这些都是老大们的心声，但孩子们并不会说出来，只会用退化行为表现出来。

下面这些可能是孩子出现退化行为的"信号"。

⊙ 躺小宝宝躺过的位置。

⊙ 装小宝宝哭。

⊙ 不好好说话，一直咿咿呀呀地哼唧。

⊙ 格外想跟爸爸妈妈拥抱、亲热。

⊙ 特别想让爸爸妈妈把他 / 她当成小宝宝。

⊙ 过度依赖。

⊙ 经常要抱。

⊙ 吃饭要喂。

⊙ 语言能力退化，说不清楚。

⊙ 怕黑，不要自己睡。

⊙ 突然开始吃手。

⊙ 时刻要人陪。

如果爸爸妈妈关注到孩子出现退化行为，应该知道这是孩子在发出"我需要关注"的求救信号啦。寻求关注是孩子的一种本能，父母在收到孩子的这些求救信号时，可能就要思考一下，有没有因为老二的出生而忽略了老大，没有满足老大作为一个孩子的正常需求？

当然，当孩子出现这些时，父母也不必紧张。不妨把它当作孩子的一种撒娇方式，轻松地应对吧。老婆有时候跟老公撒娇，不是也会像小宝宝一样假装不会做，请对方帮忙吗？如果这个时候，老公一本正经地说："你都这么大的人了，好好说话。"这样会不会很扫兴？孩子也是一样的，偶尔撒撒娇，也是可以的。

放宽限制，让老大做回小宝宝吧

有的时候，妈妈可能会担心，照顾一个小宝宝就已经够辛苦了，老大再出现行为倒退的情况，这就等于要同时照顾两个小宝宝，恐怕一点儿闲心都没有了，怎么可能保持心平气和呢？

如果父母不了解这是一个正常的心理阶段，认为孩子是在无理取闹，错误地使用了惩罚、抑制、忽略、嘲笑等方法来应对，则有可能会让老大的"退行"阶段无限延长，甚至给孩子造成严重的心理障碍。

看一看，你有没有用过这些方法呢？

惩罚 "你都这么大了，怎么还这么不懂事！我数三二一，马上穿好，要不然就揍你！"

后果 孩子自己没有办法调节的情绪，他会将这部分能量积压在身体里，有可能在某个时候出现突然的大爆发。

抑制 "小宝宝才用奶瓶喝奶呢，你都是大孩子了，要用筷子吃饭。把奶瓶拿走！"

后果 如果孩子总是不能表达自己的心愿，他们就会给自己套上沉重的枷锁，不敢表达自己的需求。

忽略 "你都这么大了，自己玩一会儿，妈妈还忙着呢。"

后果 总是被忽略的孩子，会觉得自己不重要，甚至觉得妈妈有了小宝宝就再也不爱他了。

嘲笑　"你都几岁了啊，还尿裤子呢，羞羞脸哦！"

后果　孩子被羞辱的时候，会对自己产生错误的认知，认为自己是不好的，这会导致孩子掉入自卑的漩涡。

父母正确对待孩子"退行"的方法，是正视孩子的渴望，允许短暂的"退行"发生。孩子越感觉到被接纳，退化行为就会越快消失。

比如，妈妈可以多说下面这些话。

√ 宝贝，你也靠在妈妈身边喝奶吧，这样妈妈可以抱着你。

√ 快来跟妈妈撒个娇吧，妈妈好怀念你还是个小宝宝的时候哦！

√ 你跟弟弟（妹妹）躺在一起吧，妈妈试试看同时照顾两个小宝宝会不会更有趣。

√ 今天中午睡到妈妈的怀里吧，妈妈一直抱着你。

√ 虽然有了弟弟（妹妹），妈妈也一样爱你哦。

√ 我很在乎你，我会多花些时间陪你。

妈妈也可以多做下面这些事，让孩子感受到被关注。

√ 让孩子参与重要的活动。

√ 每天拥抱孩子 10 分钟。

√ 说到做到。

✓ 相信孩子能处理好自己的情感（不纠正或补救）。

✓ 安排专属的特别活动时间。

✓ 让孩子参与解决问题。

有研究表明，孩子有退行现象，恰恰说明孩子曾经有过足够多的安全感，因此才敢将这部分内在的需求释放出来。如果妈妈们仔细观察，可以发现，老大们的"退行"阶段，其实是一个非常短暂的过程。如果引导得当，最长也不会超过两周，孩子就能自己度过这个心理阶段。

妈妈可以给老大设立一天专门的"小宝宝日"，用一天的时间，邀请老大体验作为一个小宝宝的生活，老二做什么就让老大也跟着做什么。

【微案例】欢欢的"小宝宝日"

在我的建议下，欢欢妈妈给欢欢设立了一个专门的"小宝宝日"。

头一天晚上，欢欢妈妈说："欢欢，明天我们玩一个游戏好吗？妈妈邀请你做一天的小宝宝，弟弟做什么，你就可以做什么，妈妈会像照顾弟弟那样照顾你。"

欢欢按捺不住兴奋，不停地问："真的吗？真的可以弟弟做什么，我就做什么吗？"

妈妈说："当然可以，妈妈好怀念你还是个小宝宝的时候啊。"

第二天，妈妈温柔地叫欢欢起床，给她穿上了弟弟的纸尿裤。欢欢咯咯地笑着，像玩游戏一样穿着纸尿裤，妈妈一边给欢欢唱歌，一边帮她穿衣服。

弟弟喝奶的时候，妈妈给欢欢也冲了一瓶奶，还把欢欢抱在怀里喝奶。

欢欢上完厕所，妈妈主动帮欢欢擦屁股。

弟弟躺在婴儿车里睡觉，妈妈把欢欢小时候的婴儿车也找了出来，让欢欢躺进去。不过，欢欢躺了一会儿就说："我还是到床上睡吧。"

这一天的"小宝宝日"，欢欢满足极了，睡觉的时候欢欢问妈妈："妈妈，还能再有小宝宝日吗？"

妈妈说："当然可以，如果你还想要，下个星期六，我们再设一天小宝宝日吧。"

欢欢满意地睡着了，事实上，到了第二个星期，欢欢再也没有提到"小宝宝日"，她之前那些让妈妈困扰的退化行为，突然消失了。老师也反馈说，欢欢在幼儿园再没拉过裤子！

当妈妈完全地接受孩子的退化行为，孩子就会因为这份被允许和被看见，平稳且快速地度过他们人生中这个重要的转折期。

帮助老大，看看长大的好处

孩子顺利度过"退行"阶段后，还有最后一个关键点要注意：帮助老大看到长大的好处——小宝宝虽然能够得到妈妈的照顾，但是很多事都做不了啊。

为了帮助欢欢发现长大的好处，妈妈跟欢欢说："欢欢，你想想看，有哪些能力是你有，弟弟却没有的呢？"

欢欢想了想说："嗯，我会吃饭，弟弟只会吃妈妈的奶。"

妈妈说："还有很多呢！比如你会自己上厕所，弟弟却只会尿到纸尿裤上。"

欢欢接着说："我会自己擦屁股，弟弟不会。"

妈妈说："你还会画画，这个弟弟也不会呢，我们一起来看看，你还会什么吧，你说一个，妈妈写一个！"

欢欢开始兴奋地说：

"我会——

看电视！

我会讲故事！

我会画画！

我会自己洗澡！

我会珠心算！

我会帮妈妈洗碗！

我会把玩具分享给弟弟！

我会做饼！

我还会照顾弟弟！

……"

欢欢越说越兴奋，根本停不下来。

妈妈也在旁边补充："你还会帮弟弟按摩，还会骑自行车，还会滑轮滑……哎呀，你会的可真多啊！"

妈妈继续问："那你觉得是当一个有这么多能力的四岁小女孩好，还是当一个小宝宝好？"

"我不要当小宝宝了，我要当小猪佩奇！我是姐姐！"

我们要让孩子知道，长大是一件很有意义的事情，特别是在长大的过程中，可以不断获得新的能力，这会让孩子不断获得成功的体验。当孩子发现当小宝宝没有那么好玩的时候，自然而然就不会执着于做一个什么都不会的小宝宝了。

【作业】实践：让大宝感受"长大更有力量！"

目的：帮助孩子发现自己的能力。

活动步骤如下。

① 对于小一点的孩子，父母可以准备两张海报纸，把它们拼接在一起，使长度和孩子的身高一样，
请孩子躺上去，由父母帮忙画出轮廓，然后再请孩子在大纸上画出他想象的自己的样子。

对于大一点的孩子，父母可以直接准备一张A4纸，请孩子在纸上画出自己的样子。

② 邀请孩子聊一聊自己已经拥有的能力，对于小一点的孩子，妈妈可以这样问："你觉得你会做什么呢？"对于大一点的孩子，妈妈则可以直接问："你觉得你有什么优点？"把孩子的回答写在画纸的周围。

③ 邀请孩子把这张图贴在自己喜欢的地方，以后孩子有了新能力，让他随时添加。

> 欢迎关注微信公众号"妈妈点赞"，回复关键词"能力超人"，即可查看作者李丛和大儿子威威共同完成的"能力超人"哦。

1.4 老大的榜样怎么做

父母要了解的是，即使做了哥哥姐姐，老大也依然是个孩子。

😊 "我不想当哥哥了。"

有一天，我的两个儿子威威和霖霖在床上玩，我走出卧室拿东西。

离开不到 10 秒，我就听到了弟弟的哭声！我赶紧回到房间，发现一岁多的弟弟摔到了床下，而哥哥在一旁专注地听故事，似乎摔到地上的弟弟跟他没有什么关系。

我很震惊，冲过去抱起弟弟，冲着哥哥喊："威威，你怎么回事儿，弟弟掉到床下了，你也不喊我一声！"

威威说："我又不是故意的，我刚才咯吱他，他躲着躲着就掉下去了。"

这下我更震惊了："是因为你咯吱他，他才掉地上的，那你还不管他？你这个哥哥怎么当的？！怎么一点也不在乎弟弟！"

突然，威威冲我大吼："我就是不在乎！我就是不管他！这个哥哥我不当了！"

我无比诧异，威威一向很疼弟弟的，从来没有说过这样的狠话。弟弟并没有受伤，我抱着拍了几下就不哭了。我把弟弟交给威威外婆照顾，自己去隔壁房间，想要冷静一下。

我使用课堂上教给父母的方法帮助我自己。

觉察：消除担心的"五步骤"，帮助家长放下过高期望

我开始反思，为什么我对威威脱口而出的话是——"你这个哥哥是怎么当的？"我把这个疑问发到了多子女养育的学员群，父母们也激烈地讨论起来。

"如果我是哥哥，我觉得好累！妈妈都没问我怎么回事，上来就责怪我。在我自己家，我是姐姐，我还有弟弟和妹妹。小时候只要有人哭，我妈就打我一顿。妈妈觉得我是老大，只要有错误，就是我的错。"

"我今天目睹了类似的一幕：一个姐姐把妹妹弄哭了，爸爸立马打了一下姐姐，并且训斥她'你是怎么当姐姐的'，当时姐姐好委屈，眼泪吧嗒吧嗒往下掉。"

"我也常常这样说：'哥哥是弟弟的榜样。'有一次弟弟躺在床上用双脚蹬哥哥，哥哥也反击蹬弟弟，我冲哥哥脱口而出：'你做哥哥的，应该告诉弟弟怎么做是正确的，他踢你，你也踢他，你觉得这样对吗？'哥哥立即哭了，说：'为什么他踢我你不说他，每次就说我？'好委屈的样子。有次哥哥还说：'他又不是我的孩子，应该你来教他呀。'想想也有道理呢！"

"我没生老二之前，也信誓旦旦地说：'哥哥不用照顾妹妹，哥哥凭什么要做爸爸妈妈该做的工作？照顾老二是爸爸妈妈的事情！'但我生了老二以后，想法真是发生了大转变！我是多么希望哥哥一夜之间成为一个懂事、会照顾人，并且不需要我照顾的大孩子！"

听完父母们的讨论，我明白了，我作为父母，心底有一个深层次的需求——希望老大自觉地拥有当哥哥姐姐的觉悟，这样我就可以省心了！

教育学家雅努什·科扎克说过："整个现代的教育

方式，都在渴求孩子当一个方便的孩子。"作为父母，我们想让老大一下子变成一个有担当的大孩子，其实这背后更多地是为了自己方便。

我冷静下来，拿出纸和笔，开始用引导其他父母的方式引导我自己。

这个方法是"消除担心五步骤"，我只需要问自己这五个问题。

（1）在这个问题上，你对孩子的"期望"是？

——我希望老大能照顾好弟弟，希望老大能变得乖巧懂事，可以分担我的压力，希望老大一夜之间就长大。

（2）在这个期望的背后，你的"担心"是？

——我担心哥哥从此变得毫无同情心，因为弟弟受伤了他也不管。将来他们之间的关系会很疏离。

（3）这个"担心"100%是事实吗？担心的是现在还是未来？

——在刚进房间的那个瞬间，我的脑袋里冒出来的是有关未来的画面：哥哥长大了也会对弟弟毫无同情心，冷漠至极。

然而，这并不是事实。哥哥平时很懂得照顾弟弟，会给弟弟讲故事，跟弟弟一起玩，弟弟玩滑梯的时候，他一直跟在身后保护弟弟，他会帮弟弟洗澡、按摩、抚触……原来，那一瞬间我只想到了自己内心的担心，并没有看到事实。

（4）以下四种态度，哪一种是造成你"担心"的根源？

A. 孩子这样的行为肯定和我有关。

B. 我是个坏妈妈 / 我是个好妈妈。

C. 别人会怎么看我？

D. 我为孩子做了那么多，她 / 他怎么能对我做出这样的事？

我的回答：ABCD 都有呢。

A. 我当然觉得跟我有关。因为从房间里离开，我想着会很快回来，于是没有把床围拉起来，也没有交代哥哥照顾弟弟，我非常自责。

B. 那一瞬间，我觉得自己是个坏妈妈。

C. 我自己还是多子女养育导师呢，别人会怎么看我呢？会觉得我连自己的孩子都没有教好吗？我发现，其实我关注的还是自己啊。

D. 我真实的想法是，二宝出生前后，我做了那么多铺垫和引导的工作，研究了上百本育儿书，讲了上百期家长课，学习了几千个小时的心理学课程，这都是为了养好孩子啊！我做了这么多，怎么还换来老大对老二这么冷漠呢？

当我写下这些担心背后的根源后，猛然发现，即使自己修炼了这么多年，仍然摆脱不了想要成为一个"好妈妈"的渴望，我要成为"完美妈妈"，我的孩子就必须成为"完美小孩"。这对老大来说并不公平。

（5）你愿意暂时不再想自己的"担心"，做出小而具体的改进吗？

——我愿意。我希望跟威威道歉，并且了解他真实的想法。

写到这里，我长出了一口气。我之所以会冲威威发火，其实是在缓解自己的焦虑。此刻，我愿意放下焦虑和担心，放下对孩子的不切实际的过高期望，去真正地理解孩子。

理解：老大也是孩子，需要妈妈温柔的引导

我回到房间，跟威威道歉说："对不起，威威，妈妈刚才也有错，妈妈太着急了，刚才一进门看到弟弟摔到地上了，没有问你发生了什么就指责了你。其实是我忘了把床围栏拉起来，还怪你没有看好弟弟。妈妈跟你道歉。"（承认妈妈的责任，能让孩子感觉到安全）

威威听到这些话，肩膀开始颤抖，哭出了声。

我把手放在他的背上，对他说："妈妈这样不分青红皂白地训你，你是不是觉得很委屈？"当听到委屈两个字的时候，威威开始放声大哭。（说出孩子的感受，能让孩子释放情绪）

他哭了好一会儿，我耐心等待着，等他慢慢平静下来，我继续说："能告诉妈妈当时发生了什么吗？你在想什么？"（了解事实和孩子的想法，给孩子说话的机会）

威威说："他刚掉地上你就进来了，我都还没来得及反应呢。"

我说："哦，原来是这样啊，确实发生得太快了，妈妈也没出去多久。"（重复孩子的话，理解孩子，而不是为自己辩解）

威威说："是啊，然后你就进来了，指责我了！"

我说："是这样啊，那要是妈妈没进来，你准备怎么做呢？"（寻找解决方法）

威威想了想，说："他肯定哭着不让我扶，会把我推开，他只想找你。"

我点点头："原来你是这样想的啊，也有道理呢。"

"不过，下次我会叫你。"威威说。

我认真地跟威威说："其实你是一个非常合格的哥哥，弟弟非常喜欢跟你在一起。这次只是一个意外，我相信弟弟还是想跟你继续玩的！"（认可哥哥的付出）

从这个对话中，我发现老大并不是冷漠和没有同情心，他只是不知道要怎么对这个状况做出反应。如果父母仅根据自己的主观判断就给孩子下定论，孩子就像被判了刑一样，连给自己申辩的机会都没有了。

指导：让老大体会到照顾弟弟妹妹的乐趣

老大不会因为弟弟妹妹的出生，一下子就有了当哥哥姐姐的觉悟。父母使用不同的引导方式，会让孩子有不同的认知。

下面这些话，父母不要对老大说。

× 你都是哥哥（姐姐）了，怎么还不听话呢？

× 你已经长大了，我们不能像以前那样专宠你了。

× 当哥哥（姐姐），要有个当哥哥（姐姐）的样子。

× 你得做个好榜样啊！

× 你怎么做哥哥（姐姐）的，你得让着弟弟（妹妹）。

　　当孩子听到父母这样说的时候，内心会更加无所适从。孩子不能也不愿违背父母的意愿，但是当他们拼命努力想要达到父母的期望的时候，却又不知道该如何去做。

　　下面这些话，会温暖老大的心。

　　√ 你真是一个合格的哥哥（姐姐）呢。

　　√ 弟弟（妹妹）很喜欢和你在一起。

　　√ 宝贝，很抱歉，妈妈有时候对你要求有点高，你还是妈妈的大宝宝呢！

　　√ 你是妈妈的小帮手啊！

　　√ 多亏了你陪弟弟（妹妹），妈妈才能安心上个厕所。

　　日本的金盛浦子女士在她的《日本妈妈的两个孩子养育课》一书中写道："与其强硬地要求孩子树立起觉悟，要自觉，不如用温柔的话语培养孩子内心的爱，让他们逐渐进入哥哥（姐姐）的角色中去。"

　　其实，如果老大可以充分地感受到爸爸妈妈的理解、支持和关怀，他们也会用同样的方式对待弟弟妹妹。假以时日，老大一定会变成合格的哥哥姐姐的。

　　事实上，老大的内心非常渴望能为弟弟妹妹做点什么。

引导老大参与到照顾弟弟妹妹的过程中，可以使用"引导贡献三步走"。

（1）发出邀请。

（2）手把手教授。

（3）真诚感谢。

比如，老大希望帮助妹妹洗澡，可以按照下面的方法来做。

"宝贝，妈妈需要你的帮助，你愿意帮妹妹拿一下洗澡的玩具吗？"（发出邀请）

"这样开水龙头会淋到妹妹，妈妈教你可以怎么做。你可以搬个小凳子坐在旁边，用这个小杯子舀水，再淋到妹妹身上。是的，就是这样，注意从肩膀淋下去就好了，不要从头上淋。"（手把手教授）

"谢谢你帮助妈妈给妹妹洗澡呢，还陪她玩，妈妈感觉这次洗澡特别轻松，妹妹也笑得特别开心。"（真诚感谢）

需要注意的是，虽然这个做法并不难，但是妈妈们往往会觉得老大的参与是在添乱，还不如自己做省心。这样的想法恰恰会打击老大参与照顾弟弟妹妹的意愿。如果妈妈愿意从手把手地教授、示范开始教老大参与照顾弟弟妹妹，老大们就会越来越多地享受做哥哥姐姐的快乐啦。

【作业】清单: 引导大宝发声"我可以帮忙了！"

我们可以想想看，在照顾老二的过程中，有哪些是老大力所能及的事儿呢？以下是我在家长课堂上通过头脑风暴整理出来的可以让老大"参与贡献"的清单：

- ☐ 帮忙扔纸尿裤
- ☐ 帮忙摇晃奶瓶
- ☐ 给弟弟妹妹洗澡
- ☐ 给弟弟妹妹换纸尿裤
- ☐ 帮忙拿衣服
- ☐ 给弟弟妹妹讲故事
- ☐ 做鬼脸逗弟弟妹妹
- ☐ 妈妈上厕所时，看着弟弟妹妹
- ☐ 教弟弟妹妹说话
- ☐ 弟弟妹妹滑滑梯时保护他们
- ☐ 负责给弟弟妹妹发零食
- ☐ 帮忙辅导弟弟妹妹的功课

请选择其中一个项目并邀请老大参与（在上面的清单上打钩），然后完成以下填空题。

① 发出邀请。

宝贝，可以请你帮忙_____。

② 手把手教授。

你可以这样做，_____。

③ 真诚感谢。

谢谢你，是因为_____。

第 2 章

期待中的手足相亲，
不要变成一地鸡毛

2.1 了解儿童心理学，轻松引导 孩子学会"分享"

了解孩子的发展阶段，才能让父母更好地爱孩子。

⊖ "这是我的！"

弟弟庆庆要学爬了，妈妈翻箱倒柜找出了姐姐欢欢用过的爬爬垫。

妈妈一翻出来，三岁的姐姐欢欢就清楚地指出："这是我的！"

妈妈说："是你小时候用的，你早就不用了，刚好拿出来给弟弟用。"

"不可以，这是我的！"姐姐欢欢死死地抱住爬爬垫。

不仅是爬爬垫，姐姐欢欢小时候的被子也不能给弟弟用，婴儿时期的玩具也不行，餐椅也不行。

"这些你都用不到啦，妈妈总不能什么都买新的吧！你怎么不懂得分享呢？"妈妈不解地对欢欢说。

每当我问家长："在多子女的家庭中，你希望孩子拥有什么好的性格、品质和能力？"家长给出的答案中，"爱分享"总是必不可少的一项。

可是，现实中"分享"却并不那么容易。

父母想知道多大的孩子懂得分享，需要具备一些**儿童发展心理学**的知识。

我们先一起来看一个著名的心理学实验。

【微实验】儿童发展心理学——皮亚杰"三山实验"

实验目的：帮助我们看到孩子是否正处于"以自我为中心"的发展阶段。

在孩子面前的桌子上，摆放三个颜色、形状、大小均不同的山丘模型，让孩子分别从前、后、左、右四个方位观察山丘模型，然后让孩子面对模型而坐，在孩子的对面，即山的另一边放一个娃娃，要求孩子在四张图片中指出，哪张是娃娃看到的山丘。

实验结论：六岁以下的孩子不能离开自己看事物的角度，他们通常认为别人看到的跟自己看到的是一样的！孩子所处的这一发展阶段也称为前运算阶段，此时孩子是以自我为中心的。

那么孩子的年龄段与发展阶段是如何对应的呢？我们可以参考下面这张皮亚杰的认知发展四阶段表格。

【知识拓展】皮亚杰认知发展四阶段

阶段	年龄	认知	特点
感知运动阶段	0～2岁	这个阶段的儿童的主要认知结构是感知运动图式，儿童借助这种图式可以协调感知输入和动作反应，从而依靠动作去适应环境	儿童从一个仅仅具有反射行为的个体逐渐发展成为对其日常生活环境有初步了解的问题解决者

续表

阶段	年龄	认知	特点
前运算阶段	2～7岁	儿童将感知动作内化为表象，建立了符号功能，可凭借心理符号（主要是表象）进行思考，从而使思维有了质的飞跃	（1）万物皆有灵。比如认为娃娃有生命 （2）**自我中心主义**。只从自己的角度看世界 （3）不能理顺整体和部分的关系 （4）思维的不可逆性，如把橡皮泥球变成香肠形状，幼儿会认为，橡皮泥变大，大于球状了 （5）缺乏守恒。前运算阶段的儿童认识不到在事物的表面特征发生某些改变时，其本质特征并不发生变化
具体运算阶段	6～12岁	在本阶段内，儿童的认知结构由前运算阶段的表象图式演化为运算图式	具有守恒性、**脱自我中心性**和可逆性。皮亚杰认为，该时期的心理操作着眼于抽象概念，属于运算性（逻辑性）的，但思维活动需要具体内容的支持
形式运算阶段	11岁及以后	这个时期，儿童思维发展到抽象逻辑推理水平	可以进行假设和推理

　　从这个表格中，我们能看到，3 岁的姐姐欢欢正处于"以自我为中心"的前运算阶段。这个阶段的孩子还不会主动分享。他们认为，凡是喜欢的都是自己的。孩子到了 6 岁左右的具体运算阶段，才能脱离以自我为中心的阶段，客观地认识这个世界。

　　在小区里，我常常看到一些父母责怪两三岁的孩子不愿意分享玩具，这个时候，父母要注意，不要给孩子贴上"自私""小气"这样的性格标签，更不能强迫孩子分享，而是需要根据年龄特征做出适当的引导，帮助孩子发展出分享精神。

　　接下来，我们就一起来看看，怎样引导不同年龄段的孩子学会"分享"吧。

角色扮演，帮助理解对方的感受

　　小一点的孩子，父母可以尝试用"角色扮演"的方式，让孩子在扮演和假想中理解不同人的心理感受，更好地过渡以自我为中心的阶段。

角色互换

　　我们一起来看看，欢欢妈妈是怎样使用角色扮演的方法来引导欢欢的。

妈妈跟欢欢说："欢欢，关于不让弟弟玩爬爬垫的事儿，妈妈很想理解你的感受，所以我们玩一个角色扮演的游戏吧。你来演妈妈，妈妈来演你，好吗？"

欢欢开心地答应了，开始模仿着说妈妈平时说过的话。

"妈妈"（欢欢）说："这个爬爬垫可以给弟弟用一下吗？"

"姐姐"（妈妈）假装大哭："不要，这个是我的！不给弟弟用！"

"妈妈"说："你长大了，用不上了。"

"姐姐"继续哭："我的，我要用，不给弟弟。"

"妈妈"："弟弟也想用呢，弟弟喜欢姐姐。"

欢欢在角色扮演中说的全都是妈妈说过的话，可是"弟弟喜欢姐姐"却是她自己加进去的！

同样的，妈妈也在角色扮演中，体会到了欢欢的感受。角色扮演结束，妈妈把欢欢抱在怀里，跟欢欢说："妈妈演你的时候，也一点儿都不想把爬爬垫给弟弟用，而且我还有点委屈和伤心。妈妈现在懂了，这个爬爬垫是你的，你什么时候想给弟弟用，就告诉妈妈吧。"

过了没一会儿，妈妈看到欢欢主动把爬爬垫拖到了地上，还拉着弟弟一起爬上去玩。

妈妈高兴地肯定欢欢："谢谢你把自己的爬爬垫给弟弟用，弟弟看上去很开心呢！这就是'爱分享'。"

欢欢笑得很开心，原来妈妈平时说的"分享"是这样的啊。

父母需要注意的是，使用这样的角色扮演的方式，其重点不在于强迫姐姐理解弟弟，而在于我们通过角色扮演的方式，更好地理解孩子。只有当孩子自己感觉到被理解了，才能学会换位思考，理解他人。

观察发现，当个小小"心理学家"

当孩子开始说"我的"这个词时，就意味着孩子的自我意识开始发展了，这其实是好事儿，因为孩子步入了一个新的成长阶段。

我们再来看一个著名的心理学实验。

【微实验】儿童心理学——镜子实验

实验目的

镜子测试可以帮助我们了解宝宝的自我意识是否已经形成。

实验做法

在测试中，给宝宝身上或者脸上贴上一个红点，然后把宝宝放到镜子面前，让宝宝看自己。通常情况下，18 个月以下的宝宝，会用手去触摸镜子中的自己。而 18 个月以上的宝宝，则会触摸自己身上对应的红点。

实验结论

心理学家认为，婴儿到 18 个月左右就开始发展自我意识，有了"我"的概念。在发展自我意识的过程中，宝宝会对"我的"物品和玩具非常执着。

如果家里有一个一两岁的宝宝，父母可以通过上面的镜子实验，观察孩子是否进入到了发展"自我意识"的阶段哦！

✦ 【微案例】两岁的朵拉开始抢东西了

妹妹朵拉从两岁开始，变得特别爱抢东西和霸占东西。

比如姐姐泡泡刚拿起一本书，妹妹会一把抢过来，说"这是我的。"橡皮泥、贴纸、剪刀、玩具听诊器……样样都是如此。

开始姐姐还让一下，后面姐姐就生气了，对着妹妹尖叫大吼："我的——"

泡泡和朵拉的妈妈学习了《儿童发展心理学》后，理解了孩子，原来孩子们到了两岁左右，都会有这样的阶段，认为所有东西都是自己的。

这位妈妈跟我开玩笑说："儿童心理学家最容易当，直接观察、试验自己家孩子就可以了，很便利。"

善于观察的妈妈

妈妈在家里，经常观察两姐妹。

她看妹妹穿着红外套，就问妹妹："朵拉，把你的外套给妈妈穿一下，好吗？"

妹妹回答："不行，这是我的！"

妈妈又问："妈妈知道是你的，给妈妈穿一下，就还给你，好吗？"

妹妹回答："不行，这是我的！"

妈妈转向姐姐，说："泡泡，我想穿一下朵拉的外套，她不同意，你帮我说一下嘛。"

四岁多的姐姐笑了，说："不行。你这么大，她的衣服这么小，你穿不下！"

泡泡和朵拉的妈妈告诉我："真是和书上写的一样啊，2～3岁的孩子开始把自己当作主体来认识，懂得了'我'字。"

虽然妈妈知道了妹妹处在这个阶段，但是并不能任由妹妹每天都抢姐姐的东西啊。

我们可以鼓励大一点的孩子当个小小"心理学家"，让他们学会观察和发现。这样可以帮助大孩子成长为父母的小助手，一起引导弟弟妹妹。我们来看看泡泡和朵拉的妈妈是怎么做的吧。

鼓励大宝观察小宝

妈妈跟姐姐说："朵拉现在刚刚两岁，这个阶段她会把什么都认成自己的。等她大一些，才会明白什么是分享。你可以找个东西问她'朵拉，这是谁的'，她肯定回答'我的'。"

妈妈先示范，她拿起餐桌上的纸巾盒，问："朵拉，这是谁的？"

朵拉回答："这是我的！"

姐姐指着椅子问："朵拉，这是谁的？"

"我的！"

姐姐又指着钥匙，问："朵拉，这是谁的？"

"我的！"

"朵拉，勺子是谁的？"

"我的！"

"朵拉，妈妈是谁的？"

"我的！"

这样几个来回后，姐姐开始明白朵拉真的会"固执"地认为什么都是"我的"。

一天，姐姐在厕所刚拉完便便，于是喊："朵拉，快来！"朵拉乐颠颠地去了。

姐姐指着便便问："朵拉，这个便便是谁的？"

朵拉回答："我的！"

姐姐哈哈大笑，跑去告诉妈妈："妈妈，真的，连我的便便朵拉都说是她的。"

妈妈说："真好笑呀。那你现在知道小宝宝是怎么想的了，下次我们可以怎么教她呢？"

姐姐明白这个之后，和朵拉的争抢变少了，她会拿东西去和朵拉交换。

一天，走在路上，姐姐指着一棵树问："朵拉，这是谁的？"

朵拉回答："我的！"

姐姐教她："你跟着姐姐说，树是大地的。"

朵拉跟着说："树是大地的。"

妈妈这个智慧的引导方法是不是很赞？她既没有强迫两岁的妹妹学会分享，也没有强迫四岁多的姐姐让着妹妹。妈妈理解了妹妹说"这是我的"只是孩子成长过程中的一个发展阶段，同时，妈妈也帮助姐姐理解了妹妹。既然是一个发展阶段，那么自然而然也会过去的。

需要注意的是，在这个案例里，妈妈在启发姐姐思考时，所表现出来的轻松的态度起到了非常关键的作用。我看到很多父母，在学习更多的育儿知识后，不是越来越轻松，而是越来越紧张。一旦孩子没有按照书上所说的发展阶段成长，就开始自责：是不是自己做得不够好。当父母自己都表现得很紧张的时候，孩子也很难用轻松的态度去探索和发现。

持续关爱，是让大宝主动分享的源动力

有的父母告诉我："丛丛老师，你讲的这些我都明白，但是我家老大已经超过六岁了，我还是会遇到孩子不分享的难题啊！"

一位妈妈跟我说："我的小儿子快两岁的时候开始'抢妈妈'，弟弟只要看到妈妈抱哥哥，就会冲过来把哥哥拽下来，然后使劲地往妈妈怀里钻。"

妈妈也给哥哥打好了预防针："弟弟这个阶段就是会觉得妈妈是他的呢。"

可是，已经七岁的哥哥会故意抱着妈妈，对弟弟说："哼，妈妈是我的！"

爸爸和外婆，无论谁想抱走哥哥和弟弟其中一个，都没有办法。两个人都把妈妈搂得紧紧的，使劲去推对方。外婆无奈地说："这么小就会争怀了，以后岂不是要天天争抢？"

这位妈妈问我："我是不是应该少在弟弟面前抱哥哥啊？"

其实，这个时候妈妈需要做的，既不是跟弟弟解释，也不是跟哥哥说教，而是持续地给予爱。因为大宝虽然从理智上理解二宝，但是仍然需要妈妈的关爱，才能从情感上接受。

妈妈可以继续抱哥哥，不用担心弟弟的反应，因为

如果妈妈是轻松的，充满关爱的，两个孩子都能感觉得到。

　　每天哥哥放学回家，妈妈都会跟哥哥有一个固定的拥抱仪式，主动拥抱哥哥。弟弟过来推哥哥时，妈妈就用轻松地语气说："来吧，都到我怀里来吧！"然后，左边亲一下，右边亲一下。

　　妈妈坚持了两个星期的拥抱仪式后，突然有一天，哥哥不再故意挑衅弟弟，而是抱了妈妈几分钟后，主动跟弟弟说："好啦，我的时间到啦，现在是弟弟抱妈妈的时间了。"

　　有趣的是，弟弟再看到哥哥抱妈妈，也没有像以前那样哭着冲过来了。

　　拥有足够的爱的孩子，自然就学会了分享。

【作业】判断：你的孩子是否"不分享"

下面是 4 道判断题，请根据自身情况在各题的括号中打"√"或打"×"。

① （　）弟弟妹妹出生后，老大会自然而然地学会分享。

② （　）三岁见大，七岁见老。小时候不分享的孩子，长大就会变成一个自私的人。

③ （　）角色扮演就是让孩子去体会他人的感受，让孩子知道自己做错了。

④ （　）既然六岁之前，孩子都是以自我为中心的，那么不需要引导孩子学会分享，到了年纪，他们自然就会了。

答案参考。

① （×）老大并不会自然而然地学会分享，因为在弟弟妹妹出生前，所有的东西都是他的，"分享"这个词，对老大来说只是一个概念。他并不了解分享的意义究竟是什么。父母需要通过引导，让老大感受到分享带给他人的快乐和好处，这样老大才能学会分享。

② （×）根据皮亚杰认知发展四阶段的理论，我们能看到 2 ~ 6 岁的孩子是以自我为中心的，他们只能看见自己。所以，父母不要给孩子扣上"自私"的帽子，而可以引导孩子发现分享的乐趣和好处，从而让孩子愿意跟他人合作、共享。

③ （×）真正有效果的角色扮演，其实最好是父母能通过换位思考，先理解孩子的感受，而不是先强迫孩子理解他人的感受。同时，如果角色扮演的目的是让孩子知错能改，那么孩子也会感觉到被指责，角色扮演就会失去效果。

④ （×）孩子的学习并不是一蹴而就，到了年纪自然就会的。父母学会了解孩子的年龄特征和发展阶段，目的是理解孩子，而不是放任孩子。因此，在孩子六岁之前，引导孩子学会共享、合作，以及对他人感兴趣仍然是父母的责任。

2.2 解决孩子物权问题的"五角星行动"

在家庭里执行规则，其实是让爱和自由平衡，做到尊重自己，尊重孩子。

😊 "谁的东西归谁玩？"

一位二宝妈小 Y 在课堂上分享了自己坚持"物权法则"的故事，引发了大家的很多思考。这个故事中的姐姐三岁，弟弟八个月。

以下是这位妈妈的描述。

"有二宝后的生活大部分是忙碌且充满喜乐的，但有些时候我也会担忧，尤其是在姐弟俩的物权问题上。

"比如，弟弟拿着摇铃在玩，姐姐跑来把弟弟的摇铃抢走，自己在那摇个不停；我给弟弟买了婴儿的磨牙饼干，姐姐每天都要吃。"

"这些看起来并不重要的小事，却让我有些担心，我担心姐姐会养成随意拿弟弟东西的习惯，等弟弟大了有了自己物权意识的时候两个人会争抢。"

"为了做到未雨绸缪，我经常提醒姐姐'那个是弟弟的！你需要问问弟弟同意不。'然后假装弟弟说同意。

有的时候又担心弟弟总是同意也不好，于是偶尔假装弟弟说不同意……"

"有一天，姐姐跟我说，她最想要的礼物是弟弟的磨牙饼干。我陷入了沉思，不知道自己坚持物权法则，到底对不对。"

这位妈妈小丫希望从小就培养孩子的"物权意识"，然而，没想到这样的坚持却成了她烦恼的来源。

在这一节里，我会教给大家怎样树立孩子的"物权意识"，以及应对孩子的物权问题的"五角星行动"如何开展。

确定目的：孩子该树立怎样的"物权意识"

树立"物权意识"的本意是指培养孩子的"物权"观念，让孩子对自己的物品拥有自主意识，帮助孩子学会珍惜自己的物品，维护自己的权利，同时尊重别人的物品和权利。

但是，很多父母在培养孩子的"物权意识"时，其实是基于这样的观念："我担心孩子们将来会相互争抢，我希望能通过培养孩子的物权意识，'一劳永逸'地解决孩子之间的物权问题。"

很多父母看了那么多书，学了那么多心理学知识，了解了孩子们在什么年龄段会发生物品的争抢的行为后，觉得帮助孩子解决物权矛盾太过烦琐。干脆通过早早给孩子灌输物权意识的方式帮助孩子把矛盾消灭在源头吧！

培养孩子的"物权意识"并不是简单粗暴地执行"谁的玩具归谁玩"，在物权的天平上，一端是独享权，对应的是自我意识、自我尊重；一端是分享权，对应的是社会意识，以及由自己的分享带来的"他人对自己的尊重"，这也是社会对自己的尊重，因为"人是自我的人，也是社会的人"。很多父母只理解物权的一面——自我，没有理解另一面——社会，所以"谁的玩具归谁玩"的父母判令很常见。速溶综合研究所的《儿童心理学》一书中指出"有所有权意识并不等同于孩子就会变得非常自私，相反，随着孩子年龄的增长，他们会更全面地认识到所有权是一种社会属性。所有权可以转移，而有时候将自己的玩具送给别人，会让别人感到高兴，这就是这个玩具带来的社会价值。"

帮助孩子培养"物权意识"，目的并不是防止孩子争抢，而是让孩子认识到自己对物品拥有的所有权，认识到他人对物品拥有的所有权，以及物品所有权在社会中的转移价值。父母制订物权法则的目的，不仅仅是培养孩子的"自我意识"，更是让孩子能够学会体会他人的感受，真正体会分享的意义和乐趣。因为孩子看到给予后对方开心的情绪，心里也会有温暖和美好的感觉。

让孩子体会拥有和给予的感受，才是更完整的有社会属性的所有权的概念。

了解制订"物权法则"的目的后，二宝妈小 Y 回到家，对自己执行"物权法则"的方式做出了新的调整。她不再因为姐姐动了弟弟的东西，而担心姐弟俩未来争端会更多，而是相信姐姐和弟弟都能从分享中学习。她把给弟弟买的磨牙饼干拿出来，跟姐姐说："这是妈妈买的饼干，你和弟弟都可以吃。"

姐姐很高兴地重复着："我和弟弟都可以吃！"然后给了弟弟一根，也给了妈妈一根，还给了阿姨一根。

当这位妈妈再次回到课堂上跟我们分享时，她很感慨："当我基于担心而过于强调界限时，孩子跟妈妈失去了连接，便学会了争抢；当我基于信任而放手让孩子分配时，孩子便学会了分享。"

如果父母理解了执行"物权法则"的目的是让孩子体会拥有和给予的感受，就不会用对未来的担心绑架当下，而会让孩子们学会享受他们美好的分享时光。

找对方法：解决不同年龄孩子的物权争端

不同年龄阶段的孩子，对于物权的理解是完全不同的，我们需要用不同的方式来对待。接下来给大家介绍应对不同年龄段孩子的物权问题的"五角星行动"。

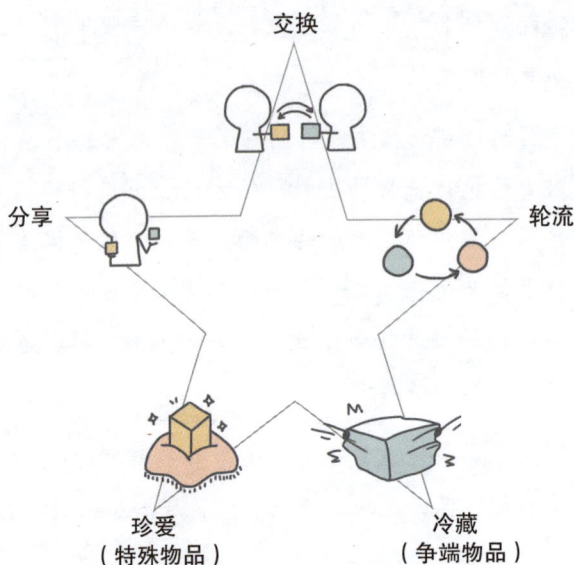

交换

分享　　　　　　　　　　　　　　　　　轮流

珍爱
（特殊物品）

冷藏
（争端物品）

"五角星行动"之一：交换

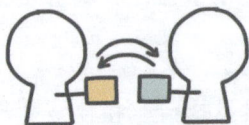

　　18 个月以下的孩子还没有发展出"自我意识"，他们并不会对拥有某样物品过于执着，此时，"交换行动"非常有用，父母可以引导大宝用玩具跟小宝交换。

五角星行动之二：轮流

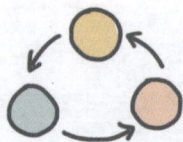

2 ~ 3 岁的孩子对自己的玩具、衣服、鞋子，甚至房间等空间都有特别强烈的保护意识，认为这些是不可侵犯的。对于这个阶段的孩子来说，不要强迫他们分享，会让孩子更有安全感。这个时候"轮流行动"会比较有效，请拥有物品的孩子决定"我想玩多久"，当他充分享受这部分权力之后，仍然会乐于分享的。

五角星行动之三：分享

四岁以上的孩子，不仅有了交换和轮流的意识，更有了帮助他人的意识，这个时候父母可以使用"分享行动"，请孩子决定哪些物品是他愿意分享的，让孩子享受分享带来的乐趣和满足。

小妙招：玩具选择转转轮

（适用：五角星行动中的交换、分享、轮流）

方法

① 邀请孩子们头脑风暴，将愿意共享和交换的玩具列出来。

② 跟孩子们执行约定规则。

a. 执行轮流行动时，等待的孩子可以转动玩具选择轮，选择一个其他的玩具先玩。

b. 执行交换行动时，孩子可以从玩具选择轮中选择玩具来交换。

c. 执行分享行动时，孩子可以邀请客人从玩具选择轮中挑选玩具。

③ 每个孩子可以拥有不同的玩具选择转转轮。

注意事项

玩具选择转转轮的使用属于孩子自愿分享，父母不能强迫孩子执行。当孩子有情绪时，父母需要先处理孩子的情绪问题。

五角星行动之四：珍爱（对待特殊物品）

再大一点的孩子已经有自己的喜好了。有些有特殊

意义的礼物或不愿意分享的个人物品，会被视为他们的特殊物品。"珍爱行动"可以引导孩子将这些特殊物品收藏到自己的"神奇宝箱"。父母可以跟孩子们约定，如果想玩其他人的"神奇宝箱"中的物品，必须先征得主人的同意。

🚀 小妙招："神奇宝箱"（珍爱物品管理箱）

方法

① 邀请每个孩子设置一个珍爱物品管理箱，将不愿分享的玩具和物品放入管理箱。

② 邀请每个孩子为箱子起一个名字，比如"神奇宝箱"，让孩子在箱子上写上自己的名字。

③ 请孩子自行管理箱子，将箱子放到特定的位置。

④ 玩具玩完后，引导孩子放回去。

⑤ 管理箱内的物品，父母可以引导孩子定期更新。

注意事项

　　父母可以跟孩子们事先约定，如果孩子没有将玩完的玩具放回珍爱物品管理箱，则这些玩具将被视为共同物品，执行轮流玩的法则。

五角星行动之五：冷藏（针对争抢物品）

父母可以跟孩子约定发生了争抢可以怎样解决。比如，如果孩子没有按照上面的一至四条法则来执行，妈妈会使用"冷藏行动"，将两人争抢的玩具放入"冷藏箱"，一周后再拿出。

🔸 小妙招：冷藏箱

方法

① 说明冷藏箱的用途：当孩子们违反协议争抢同一个玩具，并无法协商一致时，玩具则会被放置到冷藏箱中。

② 跟孩子约定冷藏时间，通常大于 1 天，小于 7 天。

③ 将冷藏箱放置在孩子不容易拿取的位置。

④ 冷藏的玩具按照约定的隔离时间放取。

⑤ 原则上，珍贵物品箱的玩具不放入冷藏箱中。

注意事项

冷藏玩具并不是一种惩罚措施，而是让孩子知道不遵循约定的后果——暂时玩不到想玩的玩具。使用冷藏箱需要家长和孩子们都同意，如果家长的态度是用冷藏箱惩罚孩子，那么这个约定的效果就会大打折扣。如果孩子因此哭闹，父母需要先安抚孩子的情绪，然后继续按照约定执行。

当孩子们了解这些法则后，父母可以邀请孩子们共同画出物权行动清单，并请每个孩子签上名字，这会是一个非常有效的提醒方式。父母也可以跟孩子们约定一些无声的手势，作为提醒他们运用"五角星行动"的暗号。

【作业】选择：适合你家的"五角星行动"有哪些

① 如果您的两个孩子都不到三岁，请选择，最适合您家的"五角星行动"是哪个（　　　）？最不适合您家的"五角星行动"是哪个（　　　）？

A. 交换行动　　B. 轮流行动　　C. 珍爱行动

D. 分享行动　　E. 冷藏行动　　F. 其他

② 如果您的两个孩子，有至少一个大于七岁，请选
　择，最适合您家的"五角星行动"是哪个（　　）？
　最不适合您家的"五角星行动"是哪个（　　）？

A. 交换行动　　B. 轮流行动　　C. 珍爱行动

D. 分享行动　　E. 冷藏行动　　F. 其他

答案参考。

① 最适合的是 A 交换行动，最不适合的是 E 冷
　藏行动。因为两个孩子的年龄都小于三岁，
　交换法则更加适用，等孩子稍大一些的时候，
　可以使用轮流行动。但是孩子的年龄还不能
　理解"冷藏箱"的设置，冷藏行动可以暂不
　使用。

② 最适合的是 C 珍爱行动，最不适合的是 A 交
　换行动。因为对于超过七岁的孩子来说，他
　们已经有了所有权的概念和分享的概念。大
　部分玩具，大孩子是愿意分享的，但是有一
　些孩子珍爱的"心头好"，父母要引导他们
　保护起来。

2.3 转换四种身份，轻松解决孩子争抢

孩子间的争抢常常因为家长的介入而变本加厉，其实不介入才是最好的解决办法。

😊 "弟弟抢我玩具！"

两兄弟刚才还好好的，突然就大吵了起来，哥哥 Hero 捏着乐高玩具，涨红了脸大声喊："这是我的东西，你需要跟我借。"

"可是这是我搭的！"弟弟 Lucas 说。

哥哥仍然不松手，"你要跟我借！你跟我说一句都不行吗？！"哥哥坚持着。

爸爸朝着两兄弟："你们能不能好好说话？"

爸爸走上前想把他们分开，结果弟弟一甩手，跑到卫生间把门锁起来了，而哥哥则红了眼睛，气呼呼地坐在沙发上一声不响。

这样的抢玩具大战在家里每天至少上演 10 次！

无论父母跟孩子制订了怎样的"物权法则"，都仍会遇到孩子争抢玩具的情况。对方手里的玩具永远是最好玩的，孩子们争着抢着就会吵起来，甚至打起来。

为什么家长干预解决不了孩子争抢

如果两个孩子在争抢玩具，哥哥大喊："妈妈，弟弟抢我玩具，我要抢回来！"弟弟大哭。你会怎么说？

A. "停，刚才是谁先拿到的？谁先拿到的谁先玩！破坏规则不是好孩子。"

B. "弟弟别哭，妈妈再给你买一个更大更好的，妈妈陪你玩，不给哥哥玩了。"

C. "哥哥，你至于吗，为了这么点儿玩具就抢来抢去。我像你这么大的时候已经很懂得照顾弟弟妹妹了！你应该爱你弟弟的，兄弟之间就是要相互关心，懂得分享。以后走出家门，你们两个更得相互帮助，不能老是抢东西……"

选择 A——这是法官，家长强调规则，大过于关注孩子的感受。

选择 B——这是消防员，家长拯救哭闹或者弱势的孩子，用更大的诱惑来灭火。

选择 C——这是唐僧在念经，不停地说教、讲道理。

这三种方式都有一个共同的特点，父母把孩子们的"问题"扛到了自己身上，由父母来决定谁是正确的，并通过干预的方式解决。

然而，因父母干预而"赢"的一方会认为自己是被偏袒的，而"输掉"的孩子则会心怀不满，这会引发更激烈的争斗。

想要引导孩子和平相处，父母不能总是做"法官"，替孩子们判断是非对错，更不要做"消防员"不停救火，或者学"唐僧"一直念经。而是要切换至以下这四种身份，引导孩子们自己解决纷争。

变身——如何运用"四变身"应对孩子争抢的"问题猴子"

观察员：以不变应万变

"观察员"——只看，不说话。同时，也不参与孩子们的争斗。

做"观察员"最考验父母的心理承受能力，因为不干预比干预，难多了！

第一次，父母可能会非常担心，忍不住想要冲过去，这时候，父母可以在心里默默地数数，10、9、8、7、6、5、4、3、2、1，记住不要第一时间干预。

同时，父母带着孩子般的"好奇"，把关注点放在"好想知道事态会怎么发展？"上也可以帮助自己放松下来。父母需要信任孩子，并告诉自己："我相信孩子们总能学到他们该学到的东西。"在 2.4 节中我们会详细地指出父母可以在什么情况下安心地做"观察员"。

父母也可以在确保孩子们安全的情况下，去做些让自己放松的事，不把注意力放在孩子身上。父母放松了，孩子也能感受到。

当孩子们发现无法用"争抢"这样的方式，引起父母的"特别关注"时，则会换种方式相处。

◑【微案例】偷拍下的两兄妹

每次抢玩具，妹妹欣欣都是胜利者。因为只要她一哭，奶奶一定会冲过来帮她。哥哥悠悠常常为此更加生气，甚至拿玩具打妹妹的头！

这天，只有妈妈和两兄妹在家。妈妈在客厅看电视，她突然听到两兄妹争抢的声音。妈妈偷偷地走过去，发现妹妹正在试图抢哥哥的玩具。哥哥则把手举得高高的，好让妹妹抢不到。

妈妈想尝试一下做个"观察员"，看看兄妹两个之间接下来会发生什么。

带着一份好奇，妈妈拿着手机开始偷拍。一开始妹妹没有看到妈妈，并没有太大的情绪波动。可是，当她突然看到了躲在角落的妈妈后，妹妹立刻双手捂着脸，开始大哭。

妈妈差点笑出声，这转变也太快了吧！

更有意思的是，妹妹捂着眼睛的手还偷偷留了一条缝，在偷看妈妈！

哥哥看到妹妹突然哭了，立刻想用手里的玩具打向妹妹。

妈妈心里一惊，忍住了，猜想玩偶应该不会把妹妹打疼。就干脆转身离开，在隔壁房间竖起耳朵听动静。

一分钟后，两个人竟然一起玩了起来！原来，哥哥看到妈妈没有介入，反而没有打妹妹，而妹妹看到妈妈转身离开，也不再哭了。

有了这次"观察员"的经历，悠悠和欣欣的妈妈兴奋地跟我分享："原来真是这样啊，父母干预孩子们的争抢，会让争抢升级，而不关注他们也不干预他们，他们会自己找到解决办法啊。感觉一下子轻松了好多！"

中介：做双方的中立国

"中介"——保持中立，帮助争抢的双方谈判，协商好双方都同意的条件，同时不加入自己的主观判断。

　　如果交战的两国想要坐下来谈判，就会找一个中立国来做"中介"。"父母中介"也是一样，不可偏袒任何一方。

　　我们一起来看看，Hero 和 Lucas 的妈妈，是怎样用"中介"的身份，来引导孩子们自己解决问题的。

　　妈妈跟哥哥说："妈妈看见你现在很烦恼，因为你觉得那个乐高是你的，弟弟没有经过你的同意拿了你的玩具。"（如实描述，不加评判）

　　哥哥："他老是不经过我的同意拿我的玩具！"

　　"我看见是你先放手不抢的。那你有没有什么好办法既能让你们能在一起玩得开心，又能不互相伤害呢？"（启发式提问，不帮孩子直接解决问题）

　　哥哥说："我不知道。"

　　"妈妈相信你一定会有办法，你现在想想，妈妈出去给你洗点水果。"（给孩子时间、空间，信任孩子）

　　几分钟后，妈妈拿着水果过来，看见哥哥坐在沙发上，平静了许多，但仍然没想出什么办法。于是妈妈试着启发他说："这里有十颗樱桃，我们一起想办法，谁想到一个办法就吃一颗，看谁能吃得更多。"（用游戏的方式增加动力）

　　哥哥马上来了精神："妈妈，下次我不想给弟弟玩的玩具，可以不拿出来。"

　　妈妈一边记录哥哥的"好办法"，一边给他嘴里喂了一颗樱桃。

　　这时候，弟弟也主动打开了门，也在妈妈的引导下开始想办法。

　　没过一会儿，两个孩子一起想到了十个解决方法。

　　√ 不想给对方玩的玩具，先收起来。

　　√ 拿哥哥玩具的时候，先问哥哥。

　　√ 把可以一起玩的玩具放在玩具箱里。

　　√ 用其他玩具交换想玩的玩具。

　　√ 生气的时候数十下。

　　√ 对着空气打十拳。

　　√ 做错了要道歉。

　　√ 拥抱对方。

　　√ 到洗手间冷静。

　　√ 找妈妈抱抱补充能量。

　　妈妈开心地说："樱桃吃完了，咱们的头脑风暴也结束了，你们一起想到了十个好办法呢！现在你们想先试试哪一个？"

　　弟弟不好意思地笑笑，跟哥哥说："对不起。"哥哥也主动伸手抱了抱弟弟。

事实证明父母介入越少，孩子们的争斗会结束得越快。然而，父母同时也有责任帮助孩子们学会处理问题，这并不是简单的一句"我不管啦，你们自己解决吧"就能搪塞过关的。

心理学家 M·斯科特·派克在《少有人走的路》中说过："在孩子明显需要培养自律能力的时候，我们不是挑起担子，而是不耐烦地说：'我没精力管你们，你们想怎么样，就怎么样吧！'到头来，当孩子犯下错误，逼我们不得不采取行动的时候，我们就会把满腔怒火发泄到他们头上，不是打，就是骂。"

因此，在孩子们还没有培养出解决问题的能力的时候，父母可以干预，需要注意的是，父母一定要保持中立。保持中立意味着不偏袒，但父母仍然可以提出自己的合理建议供孩子们选择。

翻译官：做孩子爱的桥梁

"翻译官"——把孩子无法说出的情绪感受、内在想法说出来，再引导他们自己解决。

孩子们抢玩具，有的时候是因为他们没有办法描述自己内在的感受和想法。

美国的劳拉·马卡姆博士在《平和式教养法(多子女篇)》中提到："我们的工作是充当孩子之间的桥梁，帮助每个人表达其需要和感受，帮助另一方听到对方的声音。"

➤ 【小测试】争抢玩具

假设你是两兄妹当中的一个，当你们争抢玩具的时候，妈妈跟你们说了下面这些话。

"我跟你说了多少遍，不要欺负妹妹！把玩具给她，她还是个小宝宝呢！"

"你把哥哥咬疼了，快停下来！"

"她还小，不知道那是你的玩具，给她玩玩怎么了？"

"你怎么这么霸道！"

你的感受：

_____

_____

很显然，这样的方式不能在孩子们的心间建立"爱的桥梁"，让他们走进对方的内心。六岁之前的孩子还是典型的"我向思维"（只会站在自我的角度看问题），父母帮助他们翻译内心的感受、想法和期望，可以帮助孩子学会表达。当他们可以用语言表达时，就可以减少肢体的冲突。

第一步：翻译感受。

做好"翻译官"的第一步是翻译感受，家长需要先熟悉下面的情绪词汇。（这个情绪词汇表，我们在后面的章节中还会多次用到）

同时，使用这样的句式："我猜，你的感觉是_____。"（在横线上填写情绪词汇）

比如当兄妹俩抢玩具的时候，我们可以这样说。

√ 把哥哥的感受翻译给妹妹："你刚才抢了哥哥的玩具，哥哥感觉很着急，也很生气。"

√ 把妹妹的感受翻译给哥哥："你刚才打了妹妹的头，妹妹感觉有些害怕和委屈。"

帮助孩子们说出他们的情绪感受，可以缓解他们身体紧绷的情绪能量。这个方法不仅适用于争抢，也适用于孩子有情绪的其他情况。

负面情绪
愤怒　悲伤　无奈　不安
恐惧　自卑　恼火　绝望
痛苦　孤单　害怕　嫉妒
难过　不满　生气　无助
委屈　后悔　纠结　懊恼
焦虑　压抑　郁闷　失落
愧疚　烦躁　着急　崩溃

正面情绪
平静　高兴　舒服　美好
舒畅　轻松　有趣　快乐
幸福　满意　和平　甜蜜
愉快　自然　放松　自由
温柔　温暖　自在　安全
自豪　美好　满足　开心
兴奋　自信　平和　踏实

第二步：翻译想法。

做"翻译官"的第二步是翻译想法。

家长可以使用这样的句式："我猜，你刚才感觉有点着急和伤心，是因为＿＿＿＿＿＿＿＿。"（在横线上填写孩子认为的事实）

家长可以这样说。

√ 把哥哥的想法翻译给妹妹："你刚才抢了哥哥的玩具，哥哥感觉很着急，也很生气。是因为那个是哥哥最喜欢的飞机，他怕你把它摔坏了。"

√ 把妹妹的想法翻译给哥哥："你刚才打了妹妹的头，妹妹感觉有些害怕和委屈。是因为她不知道那是你最喜欢的玩具，她只是看到玩具就想拿。"

有的时候，比较小的孩子并不能真的理解妈妈的翻译，但不用担心，孩子能感受到妈妈的态度不偏不倚。

第三步：翻译期望。

做"翻译官"的第三步是翻译期望。

家长可以使用这样的句式："我猜，你刚才感觉有点着急和伤心，是因为哥哥抢了你的玩具，不让你玩。你希望你想玩什么的时候就可以玩什么，哥哥不从你手里抢走。"（横线上是孩子的期望）

家长可以这样说。

√ 把哥哥的期望翻译给妹妹："你刚才抢了哥哥的玩具，哥哥感觉很着急，也很生气。是因为那个是哥哥最喜欢的飞机，他怕你把它摔坏了。他希望你能玩其他的玩具，不碰他最喜欢的这个玩具。"

√ 把妹妹的期望翻译给哥哥："你刚才打了妹妹的头，妹妹感觉有些害怕和委屈。是因为她不知道那是你最喜欢的玩具，她只是看到玩具就想拿。她希望想玩什么玩具就可以玩什么，没有人阻止她。"

Hero 和 Lucas 的妈妈在孩子们再次争抢的时候，采用"翻译官"的方式来引导他们。

弟弟："这是我搭的，你还给我！"

哥哥："这是我的东西，你需要跟我借。"

妈妈："我听到弟弟哭了，你们两个还好吗？"

哥哥："这是我的乐高！"

弟弟："我搭的，还给我！"

妈妈："哥哥，我看到你很生气。（翻译感受）你能告诉弟弟，你想要什么吗？"

哥哥："他随便就拿了我的玩具，他玩的时候都不能跟我说一声吗？"

　　妈妈："弟弟，我听到哥哥说他不喜欢别人随便拿他的玩具（翻译想法）。他希望你玩的时候能跟他说一声"。（翻译期望）

　　弟弟："那我都拼好了！我要玩一会儿！不能交换吗？"

　　妈妈："哥哥，我听到弟弟说他想玩一会儿已经拼好的玩具（翻译想法），他希望跟你交换玩具（翻译期望）。我猜弟弟的感受是有点担心和着急，是吗？"（翻译感受）

　　哥哥："我就是想让他跟我提前说一声，我也不是不给他玩。"

　　妈妈："哥哥希望你提前说一声。"（翻译期望）

　　弟弟："那好吧，下次我会先跟你说了再玩的。"

　　父母在使用这个方法时，需要注意的是，如果孩子还不会说出自己的感受，妈妈可以对照情绪词汇表，来猜一猜孩子的情绪感受。

主持人：轻松游戏解决问题

"主持人"——用幽默的方式，采访参与的双方，把争抢变成一个有趣的游戏。

游戏的方式非常好用，但是不能等孩子们大发脾气的时候使用，有情绪的时候仍需要先安抚孩子的情绪，再来关注解决问题。

回到争抢乐高玩具的案例上，假如爸爸不是这么说："你们能不能好好说话？"而是采取"主持人"的方式来处理，猜猜看会发生什么？

【微案例】爸爸变身主持人

Hero 和 Lucas 的爸爸圈起一本书当话筒，站到两个孩子面前："亲爱的观众朋友们，这里是中央电视台少儿频道，刚刚发生了严重的抢玩具事件，现在，我就在事件的发生现场，正准备采访两位当事人！"

爸爸把话筒递到哥哥嘴边："请问这位当事人，你能给我描述一下刚才发生了什么吗？"

哥哥："他拿我的玩具！"

爸爸把话筒递到弟弟嘴边："请问这位当事人，他说的是事实吗？你能给我描述一下刚才发生了什么吗？"

弟弟："那是我拼的乐高，哥哥要抢我的！"

爸爸："看起来纷争还没有解决，亲爱的观众朋友们，千万不要换台，他们今晚会吵出结果吗？他们会怎样解决这个问题？敬请关注……"

还没等爸爸说完，兄弟俩就已经笑得直不起腰了，完全忘记了刚才的纷争，联手抢爸爸手里的话筒。

在家长课堂上，我会请家长们逐一练习这些新的角色，因为改变思维才是关键。

一位妈妈在课程结束后，给我发来信息："课程结束已经 10 天了，我今天才猛然发现上课前的那些打架争抢的问题消失了！是怎么消失的？孩子长大了？不，是我的心态变了，我从以前的法官角色中抽离出来了，瞬间感觉眼前一片海阔天空。现在我说得最多的就是'你们怎么看？相信你们会想出让双方都满意的好办法。'当'问题猴子'从我的肩上跳回孩子们身上时，我不再有压力和焦虑，孩子们也学会了解决问题及相互合作，这就是思维转变的影响啊！"

这个"问题猴子"的比喻真是太棒了！其实，每个孩子都有解决问题的能力，关键在于，父母的引导方式是否恰当，有没有给孩子机会培养这些能力。

【作业1】讨论：我跟伴侣分别是什么类型的父母

经过这一节的学习，我们知道在孩子争斗时，父母总是扮演不同的角色。现在，请和你的伴侣一起来讨论看看，当孩子们发生争斗的时候，你和伴侣常常会扮演什么角色呢？请将选择的序号，填到后边的横线上。

A. 法官　　　　B. 消防员　　　　C. 唐僧

D. 观察员　　　E. 中介　　　　　F. 翻译官

G. 主持人

当我的两个孩子发生争斗时，我以前大部分时候是＿＿，偶尔还会是＿＿，以后，我希望自己是＿＿。

当两个孩子发生争斗时，我的伴侣以前大部分时候是＿＿，偶尔还会是＿＿，以后，他希望自己是＿＿。

如果我们了解到自己跟伴侣常常是介入孩子们争斗的法官、裁判、消防员或者唐僧的身份，我们愿意提醒彼此回到观察员、中介、翻译官、主持人等不介入争斗的身份，我们约定给彼此的提醒暗号是＿＿。（可以是一句话，或者一个手势）

通过这样的方式，我们相互监督，成为孩子更好的父母。

【作业 2】连连看：这些话分别对应什么"身份角色"

① 你必须分享，你已经玩   中介
  了很长时间了！

② 宝贝，妈妈给你买个冰   法官
  淇淋，咱们不玩那个玩
  具了，不好玩。

③ 亲爱的，你看看妹妹的   翻译官
  表情，你感觉她喜欢这
  个游戏吗？她的感受是
  好的吗？

④ 有什么好办法又能让你   消防员
  从妹妹手里拿回玩具，
  又不把她弄哭呢？

答案反馈如下。

① 法官   ② 消防员
③ 翻译官   ④ 中介

2.4 区分阶段，灵活选择应对孩子打架的高招

动物世界中的小动物是通过打架来学习生存的基本技能的，但是父母却常常不允许孩子们打架。

"我要打他！"

一天中午，我和一位双胞胎妈妈聚会。这位妈妈带着双胞胎儿子大麦和小麦，两个孩子开始一直玩得很好，后来不知怎么，突然开始抢椅子。

他们俩几乎同时爬到了一张椅子上，然后两人推推搡搡，都想让对方下去。妈妈一开始没有去制止他们，想做观察员，在旁边静观其变。

这两个小家伙在椅子上扭打起来。椅子开始摇晃，差点撞到旁边的人。

妈妈赶紧上前，把两个人扯开了，说："住手！再打架两个人都不准吃饭了！"

可是，两个小家伙并不想就此结束，即使被拽着，身子还想扑出去，脚还使劲往前踢。妈妈稍一松手，两人又扭打在了一起……

大麦和小麦的妈妈告诉我，孩子们之间，常常会因为一件小事而引起小打小闹，如果任其发展，到后来就会变成真打，真生气。不管他们吧，不知道战争升级会有什么后果；管他们吧，自己又被搅进战局，没完没了。真不知道该怎么办！

我告诉她，其实，在孩子打架的不同阶段，妈妈需要采取的引导方式也不一样。

第一个阶段：小打闹，就像天气的多云有雨，父母需用"游戏力"。

第二个阶段：急脾气，就像天气的中到大雨，父母需用"倾听力"。

第三个阶段：有危险，就像天气的电闪雷鸣，父母需用"界限力"。

家长首先要通过观察，判断孩子的打架处于什么阶段。因为并不是每一次打架都会破坏关系。

我们一起来看看下面这张打架的"天气预报判断表"吧。

观察：判断孩子打架阶段的"天气预报表"

	表情	情绪	动作	父母需要	父母身份角色
晴天 平和相处	轻松自然，很放松	平和、愉悦、幸福	正常对话，有问有答，动作和缓、自然	正面肯定，约定力	观察员、中介
多云有雨 小打闹	轻松，偶尔有嬉闹	没有激烈的情绪，或者情绪很快能平复	着急表达，动作幅度有控制，知道自己在做什么	游戏力	观察员、主持人
中到大雨 急脾气	皱眉、瞪眼、红脸、不耐烦	有生气、着急等情绪，情绪无法很快平复	声音变大，无法正常对话，有问不答 动作幅度变大，有的时候是故意变大	倾听力	翻译官
电闪雷鸣 有危险	脸部涨红、呼吸急促、青筋暴起	有愤怒、伤心、委屈等深刻的情绪	大吼大叫，动作幅度很大，对自己失去控制，或者拿了一些容易伤害对方的物品	界限力	裁判（喊停）、翻译官
雨过天晴 重新和好	呼吸恢复平缓、面色恢复平静	情绪恢复平和	恢复理智沟通	和解力	中介

其实，如果我们观察孩子们的相处，会发现大部分的多子女家庭，孩子们 80% 的时间相处都是融洽的，真正打架的时间并不多。但为什么打架问题会成为父母最头疼的问题之一呢？那是因为，父母常常把关注点，聚焦在负面事件上，即孩子们一整天都是和平相处的，但是，只要打一次架，父母就会觉得孩子们问题很大！

在解决打架问题之前，父母也要注意，在孩子们日常和平相处的时候，也要多多地正面肯定。比如，可以告诉孩子们："我看到今天一整天，你们都玩得很愉快。"父母只有日常多多地肯定好的行为，孩子们才会有更多的正面表现。正面肯定，其实也是预防孩子们打架的最好方式。

那么，真的发生了打架的行为，父母可以怎么办呢？

多云有雨：三个打闹游戏，释放多余能量

如果孩子们只是平时的小打小闹，并没有严重的情绪，父母可以使用"游戏力"的方式，引导孩子们走出争斗的环境。

我们一起来看看有哪些游戏的小妙招吧。

妙招 1："角斗士"擂台赛

游戏方法

① 在安全的地方给孩子们搭建一个"擂台"，比如客厅的空地、有护栏的床上、广场等。

② 划定安全范围，并跟孩子们约定安全界限，哪些部位可以打，哪些部位不可以打。

③ 约定每局擂台赛的时间，由爸爸或妈妈充当主持人。

④ 擂台赛可以定期在家里举行。

注意事项

① 确保每个孩子都清楚规则。

② 年龄、体格过于悬殊的孩子不适合使用此方法。

③ 孩子按照规则执行，主持人及时给予鼓励。

④ 孩子的情绪过于激动时，不适合使用此方法。

妙招 2：枕头大战

游戏方法

① 当孩子过于冲动或活跃时，父母可以邀请孩子来一场肆意的枕头大战。可以跟孩子们说："咱们来一场枕头大战吧！"

② 邀请孩子们自己制订规则，父母可以问孩子："咱们怎么做，才能玩得尽兴还能安全呢？"

③ 父母也可以加入枕头大战，这会是非常有趣的体验。

注意事项

① 枕头大战在安全的范围内可以帮助孩子们释放压力和打斗的能量，同时对于父母和孩子来说，又是很好的亲密时光。父母可以尽量放松，投入游戏。

② 年龄小的孩子也可以加入这个欢乐的游戏，父母可以引导大孩子思考新的游戏规则，怎样才能保证弟弟妹妹的安全。

③ 枕头大战是非常经典的打闹游戏，可以作为全家人的欢乐时光定期举行。

妙招 3：共同制敌

游戏方法

① 当孩子们开始打架的时候，趁着冲突还没升级，妈妈可以突然跳到孩子们的面前，抢了他们的玩具，像个孩子似地说："这是我的！"

② 妈妈可以故意挑衅，打一下孩子们，再故意跳开，边跑边喊："有本事来打我啊，你们一定打不到我！"这样，刚才还在打架的孩子们，就会变成"同盟军"，共同来对付妈妈这个"敌人"。

③ 妈妈可以制造一些小困难，让孩子们在追"敌人"的时候可以有机会共同合作，最后再假装输掉战争，这样孩子们就可以继续玩了。

注意事项

① 有了共同的"敌人"，孩子们自然而然会变成"同盟军"，父母这时候切忌说教，好玩最重要。

② 情绪激动时不适合玩这个游戏，父母需要先处理孩子的情绪，或者分开两个孩子。

101

③ 父母通过这些玩游戏的方式，可以帮助孩子们释放旺盛的精力，把打架往积极的方向引导。

☁ 中到大雨：处理打架急脾气的"3 个 R"

孩子们的战争从"多云"升级到"有雨"有时候就是一瞬间的事儿，因为孩子大脑的"前额叶皮层"尚未发育完善，因此，我们很难要求孩子们在打架的时候，能完美地掌控自己的情绪。

从"多云有雨"的小打闹到"中到大雨"的急脾气阶段，判断标准就是看孩子们的情绪是不是可以很快恢复。如果可以很快恢复，父母可以放心大胆地继续做"观察员"，静观其变；如果情绪不能很快恢复，那么为了避免战争再度升级，父母可以考虑引导战争的走向，先帮助孩子们学会疏导情绪，再处理打架的后果。

处理打架急脾气的方法分为以下三个步骤。

第一个 R-Reconnect：重新建立连接。

第二个 R-Resolve：引导解决。

第三个 R-Reconcile：和解道歉。

我们一起来看看，这三个 R 步骤具体要怎么做，怎么说吧！

第一步：重新建立连接。

下面这些动作能帮助孩子感受到父母的理解，重新建立连接。

√ 拉着孩子的双手。

√ 拥抱孩子。

√ 手搭在孩子的肩膀上。

下面这些语言能帮助孩子疏导情绪。

√ 看起来你是真的很生气，每个人都有表达情绪的权力。

√ 孩子们，我猜你们俩现在都感觉很烦恼，不知所措。

√ 我很理解，我小时候也常常因为生气而动手打架。

下面这些动作能帮助孩子感受到父母在听他们说。

√ 看着孩子眼睛。

√ 身体前倾。

√ 点头。

下面这些语言能帮助孩子更愿意表达。

√ 我很想知道刚才发生了什么？

√ 孩子们，能告诉我，你们的感受和想法吗？

√ 嗯，啊，原来是这样啊。

第二步：引导解决。

下面这些语言能帮助孩子自己找到解决方法。

√ 刚才你们都很生气，你是想对着毛绒玩具大喊一下呢？还是想在走廊里使劲跳抒发一下呢？

√ 有什么好办法让你们既能在一起玩得开心，又不互相伤害呢？

√ 你们愿不愿意转动一下自己的选择轮，试试看还有没有什么替代的方案？

第三步：和解道歉。

下面这些语言可以引导孩子互相和解和道歉。

√ 在找到解决方法之前，你们可以先分开冷静一下。谁先冷静完，谁可以先到妈妈脸上亲一下，两个人都亲完妈妈就可以一起玩了。

√ 即使你们打架我也爱你们，我知道你们也都爱对方。

√ 当你们冲对方大吼大叫的时候，可能伤了他/她的感情，你觉得可以做些什么与他/她和好呢？（不强迫）

下面这些方式可以表达歉意。

√ 一起重建破坏的玩具。

　　√ 互相给对方大大的拥抱。

　　√ 玩一个双方都想玩的游戏。

　　√ 写一个道歉卡片。

　　√ 给对方拿喜欢的食物。

　　很多时候家长觉得，道歉必须要说出来"对不起，我错了"，事实上，这样的道歉方式会让孩子很有压力。孩子更愿意积极尝试的道歉方式，是用行动道歉。用行动道歉同样可以培养孩子承担责任的能力。

⛈ 电闪雷鸣：有危险，裁判吹哨及时喊"停"

　　当然，不是每一次孩子打架都能愉快地结束。我调查了 1000 个多子女家庭，请爸爸妈妈们说说，究竟是什么导致孩子之间的"战争"升级的。

　　"我多说一句，轻一点，当心一点，战况立马升级。"

　　"老人一说大的要让着小的，大的立刻就动手了。"

　　"我让打人的孩子道歉，想让孩子们知道父母是公正公平的，结果打得更凶了。"

　　"当我压制一方，教育一方的时候，'战争'最容易升级了。"

　　父母们发现了一个神奇的现象，原来，孩子们的

"战争"，都是因为父母的回应方式有问题，才升级了啊！

来测测看，你会用什么方式回应孩子们的"战争"吧。

↗ 【小测试】打架的回应方式

如果你是大麦和小麦的妈妈，他们在公共场合打架，你会采取什么样的方式解决问题？

A. 对两个人都吼一顿："谁再动手，就不许吃饭了！"

B. 带他们离开现场，转移注意力："都不许打了，我给你们买个冰淇淋。"

C. 不看他们，让他们继续打，自己跟朋友聊天。

D. 制止他们打架，讲道理："轻一点！公共场合不能这么打闹，会影响到其他人的。发出这么大的声音是不礼貌的。你们兄弟之间要和睦相处啊，不能走到哪里打到哪里，要相互关心啊，自己想想解决办法啊……"

E. 理解孩子，引导他们走出争斗的环境。

A. 这是惩罚：父母对孩子们的打架行为感到不满，常常加以责骂或者恐吓。

后果：会使孩子产生更多负面情绪，孩子容易自尊心受挫，认为妈妈偏心，对兄弟姐妹生出憎恶之情，惹出更多麻烦，甚至会发展成"报复"。

B. 这是转移：用具有吸引力的事情换取孩子停止某种行为表现，这是一种暂时性的解决问题的方式。

后果：当有吸引力的事情消失后，同样的情况还会再次发生。比如，冰淇淋吃完，孩子们有可能继续打架，同时，因为每次情绪来的时候，都会被转移，孩子们的情绪无法得到释放，可能会感到迷惑甚至压抑。

C. 这是忽视：接受孩子的行为表现，但没有积极地做出引导，任由他们自己处理。

后果：有可能打架行为会自动消失，也有可能因为父母没有教导过孩子如何解决问题，孩子会用比较过分的方式来表达，变得有攻击性或者长时间哭闹。

D. 这是说教：喋喋不休，长篇大论，滔滔不绝，把自己的经验一股脑儿地倒给孩子，试图帮孩子解决问题。

后果：父母常常觉得说教是最有效的教养方式，事实上，孩子几乎听不见父母的说教，他们会把耳朵关闭，心也关闭。

后果：不仅解决不了问题，还会让孩子烦上加烦，把矛盾转移向妈妈。

E. 这是引导：启发孩子们用有建设性的方法解决问题。

后果：把"问题猴子"放回到孩子自己的肩膀上，教会孩子关注解决方法，从错误中学习。

在大麦和小麦打架的这个案例中，我和大麦小麦的妈妈其实都有失误——一开始作为气象观察员，没有准确预判打架的升级。如果是在"多云"的时候介入，用"游戏力"的方式解决，就不会导致后面的升级。大麦和小麦的妈妈看到两个孩子推椅子，影响到周围的人，就用了"惩罚"的方式，大吼一声"再打就都不准吃饭了！"这导致了后面的"电闪雷鸣"。"电闪雷鸣"不仅对孩子有危险，而且在公共场合也会影响他人。在公共场合时，可能需要"观察员"具备更为灵敏的"探测雷达"，及时发现冲突，解决冲突，以免影响他人。

有的时候战争真的升级了，危险一触即发，父母根本来不及使用其他技巧，判断有危险的信号如下。

孩子们的表情，脸部涨红，呼吸急促，青筋暴起；

孩子们的情绪，有愤怒、伤心、委屈等深刻的情绪；

孩子们的行为，开始大吼大叫，动作幅度很大，对自己失去控制；或者拿了一些容易伤害对方的物品。

当观察到这些信号时，父母就要像比赛时的"裁判"

那样，当机立断地及时喊停。

第一步："吹哨"喊停，将孩子们分开。

"停！我看到你们手里都拿了武器，都要敲到对方身上了，必须马上分开。"

第二步："举牌"示意，引导孩子们中场休息，暂停冷静。

"现在你们可以到自己的房间，暂停一下。等双方都冷静了，再回来。"

第三步: 约定"规则"，冷静后确定打闹的身体界限。

"打架可以，但只能打头以下的部分，不能使用武器，不能用脚。对方表示无法承受时，必须立刻停止。"

接下来，我们一起来看看大麦和小麦的妈妈是怎样引导孩子们解决争斗的吧。

【微案例】处理打架的升级

妈妈观察到两个孩子的战争升级了，两个孩子的双眼嗖嗖嗖发出愤恨的"小飞刀"，胸口急促起伏，你扯我的头发，我抓你的脸……

妈妈立刻分开了两个人，说："我看到你们现在很容易从凳子上掉下来，也快打到别人了，必须马上分开。"（裁判吹哨，立刻分开）

她招呼两个小家伙："孩子们，你们可以到外面的广场冷静一下（暂停冷静），如果还想打架，可以制订好规则后站在餐厅外的空地上打，这样不会影响到其他人。"

然后，妈妈宣布规矩："现在，你们可以打架了，但是有一条规则必须遵守，也就是只能打脖子以下的部分，脖子以上不能打，明白吗？"（提前制订不伤害彼此的游戏规则，非常重要）

她把手放在脖子处，做着手势，把规则重复了一遍，接着向两个小家伙确认："大麦，可以打哪里到哪里？"（制订规则，双方都同意后，妈妈还要进一步确认）

大麦把手伸到脖子处比画着："从这儿往下。"

"小麦，脖子以上能打吗？"

小麦摇头："不能。"

"好！大家都清楚了规则。那现在开始打吧！"

妈妈站起身，把场地让给两个孩子。大麦和小麦俩人面面相觑，有点忐忑，又有点跃跃欲试。

"咦？怎么不开始呢？是不是要我数一二三？"

"好，1——2——3，开始！"

一声令下，两个小家伙冲上前扑到了一起。

一开始两个孩子还有点招式，一拳一脚像是练过的。大麦一拳打来，小麦侧身避过，还顺势一推把大麦推倒；小麦一拳挥来，大麦左臂一挡，右手一拳打中小麦。得分！

这样拳脚相加来来往往了一会儿以后，两个人变成了摔跤的姿势，一起扭打在地上，进入胶着状态。这时，现场已经完全不是剑拔弩张的"打架"气氛，而是变成了一场"摔跤比赛"！

在整个过程中，妈妈没有忘记给孩子们适当的鼓励："太好了，你们都遵守了规则，没有打脖子以上！"即使偶尔出现犯规，在妈妈及时的提醒下，孩子们也能很快纠正松手。（及时肯定孩子们遵守规则，也是正面肯定）

这样大约打了 5 分钟。两个小家伙都表现得有点体力不支了。

妈妈提醒他们："如果你们有任何一方想停，就喊'停'！"

谁也不想喊停，生怕显得自己输了……

继续了大约 1 分钟，又一个回合，俩人都摔倒在地上，分别爬起来后，奇妙的场景出现了，大麦往左边走了，小麦往右边走了，两个小家伙的"战争"就这样自动结束了！

回到座位后，妈妈对两个孩子说："在刚才的过程中，你们不但表现得很坚强，很勇敢，而且一直很遵守规则，知道不能打脖子以上，就没有打！"

大麦和小麦流露出了满足、自信的微笑。没过一会儿，他们一起看刚才打架的录像，又一起跑到树下玩，好像刚才的打架事件完全没发生过一样。

大麦和小麦的妈妈跟我说："游牧民族的孩子们，从小不就这样练习摔跤的吗？"妈妈认识到，小男孩的精力十分充沛，需要让他们进行充分的活动，而在活动当中，又可以适时地培养他们遵守规则的意识、竞争意识和抗挫能力。

【小调查】"打架"居然有这些好处

我在课堂上分享了大麦和小麦的故事，有父母疑惑地问我："打架不是属于要立刻制止的行为吗？怎么还能鼓励孩子们打架呢？"

我引导父母们思考："你觉得孩子们'打架'的好处是什么？"

这下教室里可炸了锅，讨论热火朝天。

"打架提供了学习解决冲突的机会啊！"

"打架可以消耗孩子们过剩的精力，晚上睡得好啊！"

　　"打架可以让孩子们确定自己的身体界限，还能练习身体的协调能力。"

　　"我跟兄弟姐妹从小打到大的，打架让我们更加了解彼此，加深感情。"

　　"身体的冲突，带来力量的认知，在最原始的较量中，体会最原始的本能。孩子们就是这样探索世界的。"

　　"我小时候老是被教育不能打架，要让着对方，现在成人了很怕跟人起冲突，自己的东西也不敢争取。能打架的孩子起码是有自主意识的，有胆量的，他们敢做真实的自己。"

　　"是啊，打架和吵架的时候表达的都是自己积压的，最想表达的愤怒情绪，可以说平时不敢说的话，酣畅淋漓地表达自己的想法。"

　　请写一写，你能想到的"打架"的好处。

　　_____

　　_____

　　_____

其实，在动物的世界里，小狮子、小老虎就是通过"打架"来学习如何与同类相处，如何捕获猎物等重要的技能的。几乎所有的狗妈妈、猫妈妈、狮子妈妈、老虎妈妈，都会安静地看着自己的孩子们打闹，妈妈们只会舔舔毛，晒晒太阳，绝对不会跳起来阻止它们。即使介入，也只是把孩子们分开，然后都从头到尾舔一遍，场面非常温馨有爱。

孩子们也像小动物一样，有着旺盛的精力，"打架"是他们释放能量的方式之一，更是他们学习的方式。因此，对于孩子们平时的小打小闹，父母不仅不用阻止，还可以引导孩子们通过"打闹"的方式来释放掉他们多余的能量，在不伤害彼此的情况下打打架，甚至可以帮助孩子疗愈身体里积压的负面情绪和创伤。

我的小儿子刚学会说话的时候，就喜欢拿个棍子递到我手里，然后嘴里说着："打架！打架！"其实一岁多，他就可以控制"打架"的力度了，而且追着哥哥"打架"的时候，他们两个都特别开心。这类释放能量的"打架"，不是父母平时理解的伤害感情的打架，而是打闹游戏。

还有家长说："有一次，一个三年级的小女孩跟我说'阿姨，我们打架其实是在交流，是你们想太多了。'她旁边的女孩也说'是啊！其实真没那么复杂！唉，你们大人就喜欢多想……'然后妈妈们掌声一片！"

一位爸爸接着说："现在我的两个孩子吵架，哥哥会严肃地对我说：'这是我们孩子之间的事儿，不需要你们来解决。'我当时就词穷了……"

讨论结束，家长们笑了，原来'打架'有这么多好处啊，现在好期待孩子们好好打一架啊！

其实，在"打架"中，妈妈只要教会孩子们尊重他人的界限，孩子们是愿意遵守规则的。

【作业】填填看：打架的天气预报表怎么用

象限一	象限二	象限三	象限四
普通打闹	争斗升级	出现危险	争斗结束

请根据孩子打架的不同阶段，将下面的话填入图中不同象限。

① 你们现在需要暂时分开一下，等都冷静了，再回来。

② 你希望用什么方式跟弟弟和好呢？

③ 我猜你们两个现在都很烦恼，不知道怎样解决这个问题。

④ 妈妈有一个好主意，咱们一起玩一个游戏吧！你们想选"角斗士"还是"枕头大战"呢？

答案反馈如下。

① 填入象限三，出现危险需要先分开两个孩子。

② 填入象限四，争斗结束可以引导两个孩子和解。

③ 填入象限二，战争升级，需要倾听和理解孩子们的感受和想法。

④ 填入象限一，小打小闹的时候，引导孩子们用游戏来缓解矛盾。

第3章

时刻盯着公平的
按钮，累

3.1 物质公平：三个"开关"，
消除"不公平的魔咒"

"公平"就像箍在父母头上的紧箍咒，孩子一念咒语——"这不公平"！父母就立刻头痛欲裂，赶紧想办法解除危机。

😃 "这不公平！"

妈妈带九岁的哥哥悠悠和两岁的妹妹欣欣在商场玩，哥哥想喝一杯鲜榨橙汁，妹妹也吵着要一起喝。

妈妈有些为难，橙汁太多了，买两杯吧，妹妹肯定喝不完，可是买一杯怎么分才能公平呢？

哥哥说："妈妈，你拿两根吸管，我跟妹妹一起喝就好啦！"

妈妈心想："那可不行，哥哥比妹妹壮多了，两个人用吸管喝同一杯饮料，妹妹肯定喝得少。这样可不公平！"

妈妈跟卖橙汁的店家要了两个玻璃杯，坚持要把橙汁分成完全相等的两份。她蹲下来，仔细观察，恨不得拿个尺子量一量，终于觉得两杯一样了，才分给兄妹两个人一人一杯。

哥哥很快喝完了自己的那一杯，妹妹还没有喝完。

哥哥问妈妈："妈妈，妹妹还没有喝完，能不能把她那杯分给我一点啊。"

还没等妹妹说话，妈妈先说："那可不行，你们两个一人一半，都是妈妈平均分的。可不能说不公平。"

结果，哥哥却说："不公平，我看到你刚才给妹妹分得比较多！要不她怎么到现在也没喝完！"

妈妈郁闷了，自己都恨不得拿量杯一毫升一毫升地量了，这么努力地维持公平，为什么孩子还说自己不公平呢？

我理解，父母养两个孩子最希望做到的就是"公平"！

为了维持公平，父母们做了各种各样的努力，甚至有的妈妈，因为没有给老大喂母乳，生老二的时候，有母乳也不给孩子吃，原因竟然是为了公平！

还有父母告诉我，他们之所以不想再生一个孩子，是因为无法做到"绝对公平"。

公平等于平均分配吗？

接下来，我将和父母一起探讨，孩子们到底需要怎样的公平。如何通过打开、关闭不同的"开关"，来帮助父母正确理解"公平"。

打开"真实"开关，关闭"不犯错"按钮

"公平"两个字，在字典上的解释是：处理事情合

情合理，不偏袒哪一方。即参与社会合作的每个人承担着他应承担的责任，得到他应得的利益。如果一个人承担的责任少于应承担的，或取得的利益多于应得的，就会让人感到不公平。

在面对公平的问题上，父母常常会有两个极端，一种情况，会过于偏袒一个孩子，另一种情况，会过分强调"绝对公平"。

在多子女家庭当中，如果父母总是过于偏袒其中一方，或者一方总是能够轻易得到更多的利益，则会让另外的孩子觉得非常不公平。

这种不公平感可能会导致孩子之间发生更多的计较和竞争，孩子会经常找到父母"不公平"的证据，变得容易斤斤计较；孩子会认为资源是有限的，必须靠抢夺才能得到；孩子会把这种不公平感记在心里，认为父母不爱自己，有的人甚至长大之后也不能释怀。总是被忽略的一方，会有一种不配得感，认为自己是不重要的。因此，过分的偏袒在多子女家庭当中是要尽量避免的。

另外，有的父母因为自己从小受到过"不公平"的待遇，所以，在自己养孩子的时候，特别在乎绝对的公平，一定要一模一样，把公平变成完全平均。

事实上，无论妈妈怎么完美地执行"完全平均"，孩子们还是会找到各种证据，证明妈妈"不公平"。即使妈妈全副武装，时刻盯着公平的按钮，孩子们也并不买账，妈妈换来的只有一个字——"累"！

我承认，无论我学习多少养育孩子的理论知识，当我真正面对自己活生生的两个孩子时，我也无法做到绝对公平！

事实上，孩子们也不需要绝对的平均主义。

父母奉行平均主义来执行公平原则，其实是一种偷懒的做法，这意味着：我不犯错，孩子们就没有办法抓住我的把柄。

我自己也曾经努力地想成为一个不犯错的"好妈妈"。我曾经买了很多育儿书，摞起来比桌子还要高。我每天关注育儿大号的各种更新，如果一篇文章写了"30个将影响孩子一生的育儿误区"，我一定仔细阅读，在生活中小心翼翼地避免踩到这些育儿"地雷"。

可是，当我不想犯任何错误来养育孩子的时候，"妈妈"这个身份反而离我越来越远，我关心原则大过于关心孩子的感受，我关心自己的正确与否，大过于关心孩子本身。

这样的"不犯错父母"在执行平均主义时，切断了跟孩子之间情感的连接，孩子们反而会用各种方式刺激父母，让父母生气。因为，当父母生气的时候，孩子们能感受到他们情绪的流动。孩子更希望拥有真实的父母。

真实的父母可以用一种更轻松的方法"真实表达三步骤"，跟孩子们解释"公平"这件事。

方法一：分享自己类似的感受。

"嘿，孩子们，我知道你们想要公平的待遇，我像你们这么大的时候，也一样抱怨过我的爸爸妈妈不公平。"

方法二：承认自己会犯错。

"在做父母这件事儿上，我也是第一次呢，我会犯很多错误，这都是正常的。有的时候，尽管我很努力，但是依然做不到对你们完全公平。"

方法三：对孩子敞开胸怀接纳。

"如果你们有人因此感觉受伤，我很愿意听一听具体的原因。"

有趣的是，当爸爸妈妈用一种更轻松的态度对待"公平"这件事时，孩子也不会总是想着去按爸爸妈妈的"公平"按钮，让他们暴跳如雷了。当我们不再被"好父母"的魔咒束缚，我们反而更加能看见孩子，体会孩子的感受了。

打开"关注需求"开关，关闭"平均主义"按钮

《如何说孩子才能和平相处》一书中讲到公平时，提到了这样一个概念"同等意味着更少"。

因为，即使物质被分成了完美的 50% 和 50%，也并不是孩子们想要的。物质的公平只是假象，孩子想要的是爸爸妈妈 100% 的关注，100% 的爱，他们真正想要的，是那份独一无二！

在课堂上，一位双胞胎的妈妈告诉我："丛丛老师，我刚生下他们俩的头几年，为了不让两个孩子觉得有差异，也为了自己省心，我不管什么都准备两份一样的。但是，后来我发现这并不是孩子们希望的。每次去蛋糕店，他们都要选不一样的面包，没有一次是一样的。

"我带他们买鞋买衣服，也从来不选一样的款式。如果碰巧挑了一样的款式，其中一个也会放弃之前的选择，挑选另一款。或者，他们会干脆让对方先选，自己再选，为的就是确保自己是独一无二的。

"有一次，弟弟在家里找到了一个小酒壶，想带到学校去。过了一会儿，哥哥也找到了一个酒壶，也要带去学校。我观察到，弟弟想尽办法劝说哥哥放弃带酒壶。那次，我终于明白了，原来，每个孩子都想要独一无二！"

事实上，很多时候给孩子完全同等的待遇，意味着没有一个孩子得到了他们需要的。即使是同性别的双胞

胎，需求也会不同，同一个家庭的两个孩子，并不需要完全同等的待遇。父母需要关注的是孩子们的个体需求。

忽略孩子们的需要，给孩子们一模一样的东西，有时恰恰是一种不公平。

怎样打开父母的"关注需求"开关，让父母了解孩子们的独一无二的个体需求呢？

我们可以试试像下面这样说。

✓ 你的想法是什么？

✓ 你们可以不一样，每个人都不一样。

✓ 你更喜欢什么呢？

✓ 你来选择什么是对你最好的。

当父母更多地关注孩子们独一无二的个体需求时，孩子们才会觉得真正被父母重视了。

【微案例】如何关注需求——"妹妹不用上幼儿园，我也不上了！"

妹妹朵拉刚上幼儿园的时候，有一天发烧了。妈妈让朵拉吃了退烧药，跟她说："你发烧了，需要多休息，今天你不用去上幼儿园，我去跟老师请假。"朵拉似懂非懂。

五岁的姐姐泡泡听到了，说："我也不要上幼儿园。"

妈妈说："朵拉因为生病才请假，但是你没有生病，你要去上幼儿园，我不会没有理由就找老师请假。"

"不要！朵拉都可以在家，这不公平！"

姐姐坚持不上，妈妈说："我猜你觉得不公平，是因为朵拉可以不上幼儿园，你也想待在家里，而我不答应你请假。"（猜测需求）

姐姐的表情很委屈，点点头，一边抽泣一边嘟囔："幼儿园不好玩，老师不让我们玩。"

妈妈说："哦，是这样，你没玩够。"（重复孩子的话）

她说："是的，我不想上幼儿园还因为我不要离开你。"

妈妈说："我也不舍得离开你，但我们都有应

125

该做的事情，你去上学，我去上课。放学了我来接你。"

妈妈抱着姐姐，让她委屈地哭完，最后姐姐说："那你把我抱到教室门口吧。"

于是，妈妈抱她去了幼儿园。

在这个案例中，妈妈坚持了自己的底线——不接受孩子无故请假，同时温柔地对待姐姐，用拥抱和理解满足她不想离开妈妈的需求。面对这样的情形，吼一顿或索性让姐姐也在家要简单得多，但就是这个温柔而坚定的过程，让孩子学会理解什么是责任，也让我们看到更真实的孩子。

妈妈温柔而坚定的态度，让孩子们学会了关注自己的需求，而不是盯着"公平"的按钮。半年后，妈妈通过另一个事件，看到了成效。

妹妹又有一次因为拉肚子不去上幼儿园，请假在家休息。

妹妹拉肚子刚好，姐姐泡泡又毫无预兆地发高烧了，只好请假留在家里。

让妈妈很欣慰的是，两个孩子对于对方生病请假和自己上幼儿园这两件事分得很清楚，都没有跟妈妈说："她……我也要……妈妈你不公平！"

比如，姐姐知道妹妹生病要在家休息，上学前，姐姐跟妹妹说："如果放学的时候，你感觉好点了，你和妈妈一起来接我吧。"

同时，妹妹早上知道姐姐发烧不能去上幼儿园了，在离开家的时候说："我去看一下姐姐吧。"

朵拉和泡泡的妈妈感慨道："两个孩子既是有连接的共同体，又是独立的个体啊。"

父母要学会打开"关注需求"按钮，关闭"平均主义"按钮，不追求"一模一样"式的公平。只有这样，孩子才能学习真正的自我认知。

打开"信任"开关，关闭"担心"按钮

再往深层次探寻，让妈妈时刻紧盯"公平"这个按钮的一个重要原因，其实是"担心"。

很多父母给孩子买同样的衣服和玩具，并不是因为孩子们喜欢，而是因为担心——如果孩子们没有相同的东西，他们互相争抢怎么办？

有时候，父母们的担心是有依据的，孩子们确实会因此产生争抢和哭闹。

而有时候，父母们对公平的担心来自于自己小时候的经历。父母自己作为孩子的时候，曾经遭受过不公平的待遇，那种感觉太糟糕了，因此，当我们自己做了爸

爸妈妈，无论如何也要给自己的孩子绝对的公平。

但是，无论这份"担心"是基于对现状的判断，还是对过往经历的规避，"担心"都是父母送给孩子最差的礼物。因为基于"担心"的养育，会让父母无法放松，时刻警惕，同时，担心的事情一旦发生，就会被无限放大。

我在课堂上曾经做过很多努力，想让父母放下"担心"，但是很多时候，他们会说："丛丛老师，你说的道理我都懂啊，只是做不到啊。"

后来，我明白了，担心也是有好处的，担心让我们更加关注孩子，也避免了很多风险。

因此，我开始寻求另外一种帮助家长的方法——有没有一种方式可以既保留这个好处，又能更轻松呢？

答案是，有的。当父母学会打开"信任"开关，关闭"担心"按钮的时候，很多问题就迎刃而解了。

比如，基于"担心"的养育，父母会这样说。

× 别抢别抢，一人一半，绝对公平。

× 谁也不准拿谁的。

× 怎么会不公平呢，妈妈都平均分了。

当父母这样说的时候，孩子们会更加在乎父母是否"公平"。

然而，基于"信任"的养育，妈妈会这样说——

√ 这个蛋糕确实挺难分的，你们来给妈妈出出主意，怎么分比较合适呢？你们来决定。

√ 这个分东西的权利交给你们了，哥哥负责，妹妹辅助，我相信一定可以找到两个人都觉得公平的分配方法。

√ 怎么做才能让你们两个人都能享受这杯饮料呢？妈妈相信你们。

【微案例】信任让孩子们享受分享的乐趣

在我的引导下，悠悠和欣欣的妈妈决定放下自己的担心，尝试信任两个孩子。课后的第二周，她又一次尝试带两个孩子去喝同一款饮料。这一次，妈妈想试试用信任代替担心的新方法，她仍然只买了一杯饮料，但是，妈妈没有再拿两个玻璃杯平均分配，而是按照哥哥的想法拿来了两个吸管。并且告诉哥哥："悠悠，你和妹妹都很喜欢喝这个橙汁，现在你们自己来决定怎么享用它吧。妈妈相信你们可以找到解决方法的。"

很快，兄妹俩就开始享受他们的橙汁了，两个人一人一根吸管，头对着头，喝了起来。哥哥并没有故意喝得更多，他喝一会儿停下来等等妹妹。而妹妹呢，根本就不在乎谁喝得更多！跟哥哥一起喝橙汁真是太有意思了！

原来，真正地信任孩子并不难啊，妈妈只需要往后退一步，把决定权交给孩子。孩子们才不在乎什么平均不平均呢！

【作业】实践：让孩子学会自己分配

背景：（美国财经作家戈登在《美国传统》杂志上发表过一篇文章，探讨西方保证公平分配规则的起源。据说，在古罗马军队中，士兵每天定量得到一块面包作为全天的口粮。一开始，切割面包与分配面包的任务由长官一人负责，长官往往切割下最大的一块留给自己，然后按关系亲疏分配。由于分配不公平，军队内部发生矛盾甚至内讧的情况不少。为了防止因争夺食物产生争斗，罗马人很快想出了一个极好的办法：当两个士兵拿到一块面包后，由其中一个士兵来分割，另一个士兵先选择。在这种规则下，分割面包的士兵出于自利，只能最大限度地追求平均分配。

在家里，父母也可以尝试拿出需要分配的蛋糕（或其他食物），请其中一个孩子来分配，另一个孩子来选择。

或者告诉孩子："我相信你们可以自己找到合适的方案，两个人都能享受这块蛋糕。"

请将孩子们的解决方案以及反应记录下来。

3.2 年龄公平：三个"口诀"，不用"大让小"维持公平

兄弟姐妹成年后的相处模式，来源于他们从小对自己处境的认同。

☺ "凭什么我要让着妹妹！"

一位叫 Amy 的妈妈跟我分享了她的苦恼——老公总是希望老大让着老二。

一天晚上，妹妹想偷吃姐姐的蛋糕，姐姐一把冲过去抢过来，推了妹妹一下，喊："谁让你吃我蛋糕的，还吃我的草莓？我一共就三颗，你全吃完了！爸爸妈妈快来！"

爸爸从房里出来时，看到姐姐推了妹妹，赶紧护着妹妹说："她才四岁，幼儿园的小朋友懂什么？你马上

131

都十岁了，小学三年级的孩子不应该和妹妹计较啊。"

姐姐反驳："为什么不要和妹妹计较，她每次都这样，每次都是我让着她，这次我不同意让着她！"

爸爸又说："那你小时候也这样，我们也不和你计较。小孩子嘛，长大了就好了。等她长到你这样大，就懂事了。"

姐姐突然号啕大哭，说："你总是批评我。谁稀罕当姐姐？我最讨厌妹妹，我不想当姐姐了！"

爸爸大发雷霆，使劲一推，把老大推倒在地，说："你看看你，十岁了，还要事事都和妹妹争，我都为你感到害臊！你不配当姐姐！别人家的姐姐都把妹妹照顾得好好的，你呢？在家里衣来伸手饭来张口，什么事都不做，简直是个白眼狼，我白生你了！"

"我再也不想见到你们了！"老大冲进了卧室……

Amy 说，自己好不容易学了新方法，决定信任孩子们，引导孩子们自己分享，可是家里人却总是坚持"大的应该让着小的"，真不知道该怎么办才好！

其实，要求"大的必须让小的"是家长对"公平"的另一种执着。这样坚持的人认为有能力的人应该让着没有能力的。长此以往，会带来下面这四个后果。

第一：怨恨。老大会怨恨弟弟妹妹，也会怨恨爸爸和妈妈，甚至孩子长大成人后也无法化解"不公平"造成的心理伤害。

第二：报复。父母不在面前的时候，老大很可能不再保护弟弟妹妹，而可能通过"报复"来宣泄自己的不满。"报复"的行为也会针对父母。

第三：反抗。孩子并不会一直被压制，等到他们有力量的时候，就会反抗，通常小时候比较乖巧顺从的孩子，到了青春期，就很可能会通过叛逆来反抗父母。

第四：退缩。一直被要求忍让的孩子，会形成退缩不敢表达的性格，即使是自己应得的，也不敢争取。

事实上，在"大让小"的战役中，老二因为一直被保护，有可能变得更加肆无忌惮，即使犯错了也不会感到害怕，因为总有父母替自己撑腰，这对老二的发展也没有好处。

更加积极的做法，是引导孩子们用合作代替竞争，我分享给家长们三句口诀。

先护大，再护小。

先通情，再达理。

只对事，不对人。

先护大再护小，赋予老大积极的权力

"先护大再护小"是指父母在两个孩子发生争执的时候，能够先保持对大宝的尊重，维护大宝的尊严，给予老大积极的权力。只有老大得到了充分的尊重后，他才会用尊重的方式对待老二。

需要注意的是，"先护大再护小"原则并不是指无论发生什么情况，都说老大是对的。这样也会造成对老二的不公平。同时，家长在平时生活中就要注意对待两个孩子的方式。

我有一位摄影师朋友，拍摄了很多二胎家庭的录像，她告诉我："丛丛老师，我去拍摄多子女家庭的时候，经常看到，父母对着老大用'黑色声音'说话，特别凶；转头，对着老二却是用'粉色声音'说话，非常温柔。"

我觉得她这个"黑色声音"和"粉色声音"形容得特别到位！当父母总是用"黑色声音"跟老大说话的时候，猜猜看，老大对着老二时，会用什么声音说话呢？

如果我们仔细观察孩子们之间的互动，就会发现，老大对待老二的方式，几乎就是父母对待老大的方式的翻版。

一方面父母希望老大能帮忙照顾老二，能爱护弟弟妹妹，可是另一方面，父母在面对老大的时候，又忍不住苛责和批评。这真的很矛盾。

我们需要提醒自己：我希望老大怎样对待老二，我就要用同样的态度对待老大。

在日常生活中，父母可以尝试给予老大积极的权力，让老大更多地发挥自己的正向影响。

我们可以像下面这样做。

√ 去超市的时候，给老大一些零钱，请老大带着老二在超市里买东西。

（在这个过程中，老二可以学习如何跟老大商量，老大可以学习如何合理满足两个人的需求。）

√ 给予老大管理和分配零食的权力，请老大来分，老二来选择。

（在这个过程中，老大可以学会如何合理使用权力，老二则可以学会在服从老大的同时，争取自己的权利。）

√ 请老大负责提醒在游乐场玩耍的时间，以及在家看电视的时间。

（在这个过程中，老大不仅可以学到自律，也可以帮助老二学会时间管理。）

需要注意的是，在这些过程中，如果两个孩子相互配合，那么，父母就可以及时地给予鼓励啦。如果两个孩子配合不好，父母要从对老大手把手地教授开始，不能一下子直接放权。

那么，在发生争执的时候，如何先保护老大的尊严呢？

我们可以这样做，这样说。

√ 先拥抱老大，再拥抱老二。

√ 我想先让姐姐说说刚才发生了什么，姐姐说完，请妹妹说。

√ 能告诉我你们的感受吗？从姐姐开始吧。

√ 我相信你们可以自己找到合理的解决办法的，也可以找到方式互相道歉，接下来请哥哥主持你们的研讨会吧！

父母可以通过这样的方式，给予老大积极的权力，老大得到了充分的尊重，跟老二的矛盾就不会升级，老大的怨恨情绪也不会转移。同时，老二会因为看到妈妈先关注了老大的感受和想法，也不再恃宠而骄。

先通情再达理，培养孩子关心对方

正面管教的创始人简·尼尔森博士说过："我们到底从哪里得来这种荒谬的观念，要想让孩子做得更好，必须让他们感觉更糟？"

事实上，父母期望"大让小"，是希望老大可以做得更好。然而，当老大每一次都被要求让着弟弟妹妹时，他们会有什么样的感受想法呢？

课堂上，我邀请父母们扮演争执中的老大，每一次争执都请父母批评"老大"。让人震惊的是，三次角色扮演之后，就有"老大"这样说："太可怕了，妈妈每次都批评我！我觉得快要崩溃了，都不想活了！如果妈妈不在家，我一定会打妹妹的！"

父母们也很动容，纷纷分享了自己小时候的故事。

爸爸 A 说：

"我是老大，深有体会。老大做错是老大的错，弟弟妹妹做错也是老大的错。我从小就被爸妈教育'你是哥哥，要照顾好妹妹，多让着妹妹。'小时候不会想那么多，觉得爸妈说的都对，所以当妹妹犯错的时候，自己被罚也觉得是正常的，不会反抗。但长大以后，这些不反抗都在心里埋下了种子。成年以后，父亲说的事情，都会不自觉地去否定，去对抗。"

妈妈 B 说：

"我和妹妹相差一岁，小时候我妈说'当姐姐的就要让着妹妹'。我有一次忍不住说'我也就大一岁而已。'我妈却说'双胞胎大几分钟也是姐姐，不管大多少就是姐姐。'这让我印象非常深刻。长大后我特别怕和别人吵架，怕闹矛盾，没有原则，不敢坚持自己。明明是对方错了，我也会主动退让。"

妈妈 C 说：

"我小的时候，每次妹妹哭，我都是被训的那一个。只因为我是姐姐，就永远都是错的那一个，心很痛。读初中时因为妈妈的打击，敏感到伤神，甚至想过自杀，满满的负能量。后来学习了多子女养育课程，我才发现自己一直是想证明，证明自己做得比妹妹好，在心底跟自己较劲。这一路的学习，都是在练习与自己和解啊。"

父母们在分享中更加理解了小时候的自己，也理解了孩子。我问家长们："为什么我们还在用自己都不希望被对待的方式，对待我们的孩子呢？"

我们需要用真正理解孩子的方式，来引导他们。在被父母要求"大让小"的过程中，老大觉得很受伤。

我们只有先通情（建立情感的连接）再达理（说明情况），才能培养孩子们相互关心的品质。

下面来看看前面的案例中，那两个抢蛋糕的孩子的妈妈 Amy 是如何应用"先通情，再达理"的方式解决孩子们之间的问题的吧。

【微案例】妈妈理解了姐姐

　　妈妈来到姐姐的房间，看到姐姐把头蒙在被子里，轻声地抽泣不肯理妈妈。

　　妈妈把手放在了姐姐的肩膀上。（情感连接——身体的接触）

　　姐姐的抽泣声反而越来越大了，再到后来变成了大哭。

　　妈妈温柔地看着姐姐，让她安心地哭完。这个过程持续了十多分钟。（情感连接——倾听孩子的哭泣）

　　等到姐姐逐渐安静下来，妈妈把她搂在了怀里，说："妈妈看到刚才你伤心地哭了。"（情感连接——说出孩子的情绪感受）

　　"明明不是我的错！是妹妹要抢我的蛋糕，爸爸却骂我！"姐姐说完，再一次伤心地哭了。

　　妈妈重复姐姐的话："你觉得不是你的错，妹妹抢了你的蛋糕，爸爸却骂了你。"（情感连接——重复孩子的话）

　　姐姐哭着说："嗯，为什么我是姐姐就得让着她啊！每次都这样！"

　　妈妈说："你觉得很委屈，是因为爸爸觉得你是姐姐就应该让着妹妹？"（情感连接——猜测孩

子的情绪感受）

"对！"这时候，姐姐已经不哭了，身体的颤抖也慢慢停了下来。

妈妈说："那你能跟妈妈说说，你认为的合理的处理方式吗？"（引导理解——让孩子思考合理的解决方式）

姐姐说："我们都分好了，妹妹偷吃我的就是不对，爸爸应该先说她的！"

妈妈继续问："嗯，原来是这样啊。还有吗？"（理解孩子，并引导继续思考）

姐姐说："我下次把蛋糕放到我这边，妹妹就拿不到了。"

妈妈点头："嗯，这是个好办法。还有吗？"

姐姐："我不应该推妹妹，不过我当时真的很生气！"

妈妈："嗯，看起来是这样的，那除了推妹妹你还能想到其他的解决办法吗？"（引导理解——进一步引导孩子找到解决方法）

姐姐："我下次要先吃草莓！"

在妈妈跟姐姐聊的过程中，妹妹也偷偷探着脑袋钻了进来。姐姐这时候看到妹妹已经不生气了，

🚀 跟妹妹说："你下次想吃草莓可以先告诉我，我分的时候就多分给你一颗，你就不用偷吃我的了。"

这个结果让妈妈太意外了！妹妹也主动地跟姐姐道了歉，两个孩子又头对头地一起玩了。

只对事不对人，引导关注解决方法

当家长说："姐姐就应该让着妹妹啊"，这是对人不对事，只因为老大是老大，就得让着老二。当老大没有按照父母的要求让着老二时，我们就认为老大是一个"自私"的孩子，是一个"不懂分享"的孩子，是一个"不懂事"的孩子。这些标签，并不是针对发生了什么事，而是针对你是老大。

当孩子被贴上了自私、不懂事的标签时，孩子会对这些标签产生深深的认同感，并把注意力都放在父母的认可上。父母只有在引导时，对事不对人，才能教会孩子关注问题的解决方法。

有的时候，妈妈苦恼的是家里的其他人总是"对人不对事"，让老大让着老二，这个时候直接跟家人讲道理并不能达到让家人理解的效果。希望家人理解"对事不对人"，有一个非常好用的方法，就是"角色扮演"！这个方法我们在第一章也介绍过，在这里使用的目的有些不一样，这里的目的是让家人理解孩子。

141

【微案例】爸爸跟姐姐道了歉

妈妈 Amy 邀请爸爸扮演"姐姐",自己扮演"爸爸"。

当爸爸扮演的"姐姐"听到:"你看看你,十岁了,还要事事都和妹妹争,我都为你感到害臊!你不配当姐姐!别人家的姐姐都把妹妹照顾得好好的,你呢? 在家里衣来伸手饭来张口,什么事都不做,简直是个白眼狼,我白生你了!"妈妈刚说完,爸爸不自觉地往后退了两步,愣住了。

爸爸有些震惊,原来这些脱口而出的话,杀伤力这么大啊! 爸爸有些愧疚和不好意思,跟妈妈说:"我小时候,我爸妈天天跟我这么说,叫我让着妹妹,我都习惯了。不过这样说好像不太好,刚才我感觉自己是一个特别不好的孩子,真难受。"

妈妈说:"其实两个孩子抢东西挺正常的,有的时候咱们不管,她们自己就解决了。有的时候需要咱们引导一下,这种时候我们如果不把问题扩大到她是一个什么样的人,而是只针对这个问题,就能引导孩子们学会解决问题。"

第二天,妈妈发现,从来没有跟孩子们说过"对不起"的爸爸,竟然主动跟姐姐道了歉! 爸爸跟姐姐说:"对不起啊,姐姐,爸爸昨晚说的都是气话,你是一个特别好的姐姐,经常把自己的东西跟妹妹分享。其实爸爸不介入的话，我觉得你们也能找到方法解决。"

姐姐则开心地把跟妹妹商量好的解决方法告诉了爸爸："爸爸，你别担心，下次我们再分东西，说好了就不变了。要是妹妹还想要，她会再主动跟我说的！"

有的时候孩子的行为表现的是一种挑战，但是身为父母，我们要让孩子们知道，无论他们的行为表现如何，他们仍然是有价值的，是值得尊重的，值得爱的人。

当孩子相信自己是有价值的，被爱及被尊重时，他们自己就会萌发出勇气，就会努力尝试改善自己的行为。

【作业】思考：父母的养育方式对孩子的影响

请填填看，当爸爸妈妈用不同的方法对待案例中的姐姐时，孩子们能从中学到什么品质、能力？

① 当爸爸说："你看看你，十岁了，还要事事都和妹妹争，我都为你感到害臊！你不配当姐姐！别人家的姐姐都把妹妹照顾得好好的，你呢？在家里衣来伸手饭来张口，什么事都不做，简直是个白眼狼，我白生你了！"

姐姐能学到：＿＿＿＿＿＿＿＿＿＿＿＿＿＿＿＿。

妹妹能学到：＿＿＿＿＿＿＿＿＿＿＿＿＿＿＿＿。

② 当妈妈说："你觉得很委屈，是因为爸爸觉得你是姐姐就应该让着妹妹？那你能跟妈妈说说，你认为的合理的处理方式吗？"

姐姐能学到：＿＿＿＿＿＿＿＿＿＿＿＿＿＿＿＿。

妹妹能学到：＿＿＿＿＿＿＿＿＿＿＿＿＿＿＿＿。

③ 当爸爸说："对不起啊，爸爸昨晚说的都是气话，你是一个特别好的姐姐，经常把自己的东西跟妹妹分享。其实爸爸不介入的话，我觉得你们也能找到方法解决。"

姐姐能学到：＿＿＿＿＿＿＿＿＿＿＿＿＿＿＿＿。

妹妹能学到：＿＿＿＿＿＿＿＿＿＿＿＿＿＿＿＿。

> 通过这个作业，希望家长们可以看到，我们在引导孩子时，不要仅仅把注意力放在解决当下的挑战上，而更要着眼于是否培养了孩子们良好的性格、品质、能力。因为只有这些好的性格、品质、能力才是伴随孩子一生的财富。

3.3 时间公平：三句"歌词"，让时间不再对半分

　　孩子需要的不是和兄弟姐妹平分时间和关注，孩子需要的是在某一个时间里，获得父母 100% 的关注。

"我不想离开妈妈！"

　　在课堂上，我遇到了一个非常棘手的案例。

　　大麦和小麦是一对五岁的双胞胎兄弟。他们的外公生病了，妈妈需要回老家两周，照顾外公。但是妈妈觉得，自己带着两个孩子回老家，肯定是没办法照顾老人的。如果把两个孩子都留给奶奶，奶奶也搞不定。所以妈妈希望自己带回去一个，留给奶奶照顾一个。可是，两个孩子都希望跟妈妈回老家，带谁回去才公平呢？

为了帮助这位妈妈，我们在课堂上组织了一次角色扮演，将妈妈遇到的难题通过角色扮演的方式进行场景还原。我邀请这位双胞胎妈妈扮演她觉得最难搞定的弟弟"小麦"，另外两位志愿者扮演哥哥"大麦"和"妈妈"。

在角色扮演中，"妈妈"跟两个孩子说："外公生病了，我需要回老家照顾他两周，但是，我只能带一个人回去，另一个人要留在北京的家里。"

小麦性格外向，善于表达。大麦性格内向，有什么事儿都藏在心里。于是，在这场寻求公平的战役中，小麦明显占了上风。"小麦"抱着妈妈的腿开始哭："妈妈，你带我回去吧！我不想离开你！"

"小麦"一直在表达自己离开妈妈的伤心和痛苦，哭得更多，"妈妈"心里公平的天平渐渐失衡了，想着弟弟这个样子，留在家里奶奶估计也带不了，干脆带弟弟回去吧。

而"大麦"在一旁默默看着不说话，于是，"妈妈"跟大麦说："孩子，要不这次妈妈先带弟弟回老家，下次再带你？"

扮演"大麦"的志愿者，听到这句话，再也忍不住，真的掉下了眼泪。

扮演"大麦"的志愿者告诉我们，虽然"大麦"没有说话，但并不代表他没有感受，相反，感受太多了——伤心、难过、痛苦、绝望、无助，甚至怨恨……心里翻江倒海的，可是又说不出口！看着妈妈要带弟弟回去了，急得啊，不知道该怎么办才好！

大麦和小麦的妈妈听到孩子的感受，忍不住落下了泪。

在这个案例中，妈妈一直在追求的是时间上的公平。

大麦和小麦的妈妈告诉我们，从生这对双胞胎兄弟的第一天开始，她就跟自己说："我一定要对两个孩子做到绝对的公平，不偏不倚。"

刚生下来的时候，两个孩子同时要跟妈妈睡，可是，同时带两个孩子实在是太辛苦了，妈妈熬了一段时间就吃不消。为了公平，大麦跟妈妈睡一天，小麦跟奶奶睡，第二天轮换，小麦跟妈妈睡，大麦跟奶奶睡。夜里妈妈只能给其中一个孩子母乳，另一个孩子则是喂奶粉。

孩子再长大一点，奶奶想回自己家住，毕竟在同一个城市，不算远也不算近。妈妈无奈地选择自己带其中一个，把另一个孩子送到奶奶家，仍然是一个星期或两个星期轮换一次——为了公平！

可是，每个孩子跟妈妈分开的时候，都要哭天抢地大闹一番："我不要跟妈妈分开！"

这样的"公平"快要把妈妈折磨崩溃了！她不知道自己做错了什么，该怎么办！

很多时候，妈妈已经很努力了，但是养育两个孩子必须需要妈妈把给孩子的时间对半分吗？其实不是的，孩子真正需要的，是妈妈有一个专门属于我的"特殊时间"，在这个时间段里，孩子可以感受到妈妈 100% 的爱！

怎样在分身乏术的情况下，让孩子感受到父母 100% 的爱呢？接下来要分享的方法，都包含在这三句歌词里了。

第一句："我的感觉你会懂"。

第二句："我只和你在一起"。

第三句："我的眼里只有你"。

是不是很有趣，我们一起来看看具体可以怎么做吧！

"我的感觉你会懂"——寻求孩子理解

在大麦和小麦的案例中，当志愿者把自己代入到哥哥大麦的身份时，就能够体会到孩子的感受——"妈妈要把我留下了，妈妈要带弟弟走了，我不想一个人留下，我很害怕。可是，我不会像弟弟那样哭，那样闹，我说不出来。我不知道该怎么办？我也想跟妈妈走。"

弟弟小麦哭闹的背后，也有他的感受——"我很着急，如果我不哭不闹，妈妈就带哥哥走了，我想跟妈妈走，我不想让妈妈把我留下。我要哭得更厉害一些！"

我们先不讨论为什么妈妈不能把两个孩子都带走，或者两个都留下，假设妈妈只能带其中一个孩子离开，那么，怎样做才能最大限度地减少对孩子内心的伤害呢？

首先，妈妈要放下内心对"公平"的执着，这份执着并不会让事情变得更好，只会更糟。其次，妈妈需要承认自己不是万能的，也不是完美的，更不是超人。然后，更多地把注意力放在理解孩子的感受上，而不是简单搞定他们。

在这里，我推荐家长使用"寻求理解的四步骤"。

第一步：如实告知，寻求理解。

当父母有难以处理得公平的情况时，可以如实地告知孩子。把孩子放在可以跟自己平等对话的位置上。

例句：妈妈现在遇到了一个困难的处境，是_____

_____。

第二步：理解孩子，表达自己。

父母可以通过询问或猜测孩子感受的方式，尝试倾听孩子的心声。

例句：妈妈猜你现在感觉有点伤心，失望，是这样吗？

父母也要表达自己的真实感受，这样才能让孩子们理解自己。

例句：妈妈感觉很为难，是因为我真的带不了你们两个。

第三步：请求帮助，表示感谢。

父母有的时候也没有什么合适的、完全公平的解决办法，这个时候，可以请求孩子们的帮助。

例句：妈妈现在也没有什么好的解决办法，我非常需要你们的帮助。

感谢你们愿意听我说，也谢谢你们愿意告诉我你们自己的感受。

第四步，头脑风暴，解决问题。

跟孩子们一起进行头脑风暴，集思广益寻找解决办法。最后，在头脑风暴的答案中选择最适合或最容易实施的方法来解决问题。

例句：关于_____，我们一起来想想可以怎么解决呢？

【微案例】一起解决问题的双胞胎兄弟

大麦和小麦的妈妈回家后，尝试了"寻求理解的四步骤"。

妈妈："孩子们，妈妈听说了一个不太好的消息，外公在老家生病了，他住进了医院，外婆忙不过来，需要妈妈回家照顾外公一个星期到两个星期。"（说明情况）

大麦、小麦："妈妈，我们也要回去！我们跟你一起。"

妈妈："我也很想带你们回去，你们也好久没有去过外公外婆家了。但同时，我也有些担心，妈妈要一直在医院里照顾外公，带你们回去，外婆一个人还要做饭送饭，还要照顾你们两个，肯定忙不过来。如果把你们都留在家里，爸爸又要上班，奶奶只能白天来，恐怕也搞不定你们两个。"（如实告知）

小麦："我不！我就要跟你一起回去！"

妈妈："如果我只能带你们其中一个人回去，你们会有什么感觉啊？"

小麦："妈妈带我回去！"

大麦："妈妈偏心。"

妈妈："我猜无论我带谁回去，另一个人都会很伤心，也会很失望的。小麦，你现在是不是有些着急和紧张，怕妈妈带的人不是你啊？大麦，你会不会有些担心呢？"（猜测孩子的感受）

小麦："我不要妈妈走，妈妈留下！"

大麦默默低着头不说话。（有的时候，妈妈猜中了孩子的感受，孩子会沉默。他的表情会告诉你你猜对了。）

妈妈："妈妈其实也想了好几天了，我也没有什么好办法，我很需要你们的帮助。"（不做超人，请求孩子们的帮助）

大麦："妈妈，要怎么帮你啊？"

妈妈："妈妈只能想到带其中一个人回去的解决办法，可能你们还有更好的解决办法，我很想听听你们的想法。"（跟孩子们一起找解决方法）

小麦："那我保证不哭不闹，你带我们两个人一起回去吧。"

妈妈："好，我先在纸上记下小麦的这个想法。"（记下孩子的解决方法，会让孩子有成就感）

大麦："要不就弟弟这次先跟妈妈回去。我下次再跟妈妈回去吧。"

妈妈："我也记下大麦的这个想法。我也有一个好主意，如果我带其中一个人回去，回来的时候，

我就单独带另一个人去游乐场玩！"（妈妈也可以自己提出解决方法）

小麦："我还想去游乐场玩！"

妈妈："哦，我听到小麦又有一个想法了，我先记下来。"

……

在这个过程中，无论孩子说什么，妈妈都如实地记录，用笔写下孩子们的想法，这会让孩子特别有成就感，也能帮助妈妈走进孩子们的心里，真正地倾听他们的内心。

妈妈："两个宝贝，你们真是太棒了，竟然想到了 11 个解决办法啊！妈妈刚才还以为只有一个解决办法呢。那咱们一起来看看，这 11 个解决办法中，最可行的是什么吧？"（跟孩子共同选择最终的解决方案）

大麦和小麦的 11 个解决方案如下。

√ 小麦不哭不闹，带两个人去。

√ 小麦这次先去，大麦下次再去。

√ 妈妈带一个人回去，回来时带另一个人去游乐场。

√ 两个孩子都留在家里，爸爸请假。

✓ 两个人都回老家，带很多书。

✓ 请奶奶到家里住两周。

✓ 大麦回去，小麦跟爸爸去旅行。

✓ 剪刀石头布，决定谁回去。

✓ 留在家里的人可以每天看 5 集动画片。

✓ 都去医院照顾外公。

✓ 妈妈不回去了，请人照顾外公。

最终，妈妈和孩子们选择了方案二，小麦这次先跟妈妈回去，下次大麦再回去。虽然，解决方案跟妈妈之前想的一样，但是经过了这个引导和共同解决问题的过程，妈妈再也没有之前的内疚感了。孩子们也坦然接受他们共同的选择。

"我只和你在一起"——拥有专属时光

在日常生活中，如何分配陪伴两个孩子的时间，是很多妈妈的烦恼。我推荐每一个多子女家庭的父母，都要有跟每一个孩子的专属"特殊时光"，在这个特殊时光里，父母只陪伴一个孩子，做孩子喜欢做的事。这个特殊时间不用很长，20 ~ 30 分钟就可以了。有的时候，父母实在没有时间，那么，能保证全心全意地陪伴 10 分钟，也是可以的。

课堂上，一位妈妈说，她给每个孩子都制订了专属的"特殊时光"，20 分钟陪哥哥，20 分钟陪妹妹。可是，在陪伴妹妹的 20 分钟里，哥哥一直在旁边说："妈妈，还没到时间啊，你给妹妹都讲了好久的故事了！"妈妈说："现在是妈妈陪伴妹妹的时间，一会儿就到你了。"20 分钟后，到了陪伴哥哥的时间了，妹妹却还拉着妈妈不松手！妈妈沮丧地跟我说："我本来是想两个孩子都照顾到的，但是事实上，我在陪伴妹妹的时候，还在惦记着哥哥，陪哥哥的时候，在惦记着妹妹。有时候，他们哭的时间都超过 20 分钟了，我感觉哪个孩子都没陪好！"

其实，孩子对时间的感觉并不像大人以为的那样精准，孩子的时间感并未形成，他们并不知道 10 分钟到底是多久，他们在乎的是，这个时间妈妈是不是专属于我。

事实上，虽然这位妈妈制订了跟孩子们的专属"特殊时光"，但却没有仪式感。仪式感来源于三个"固定"——固定时间、固定频率、固定名字。

怎么跟孩子约定"特殊时光"，执行"特殊时光"又有什么特殊意义呢？我们一起来看看下面这个微案例吧。

【微案例】我和威威的"特殊时光"

我生完老二在家坐月子的时候，刚好老大上小学一年级。有一天，我突然意识到，生完弟弟后，每天在家给弟弟喂奶，抱着弟弟，我都好久没有跟哥哥单独在一起了。

我跟哥哥威威说："宝贝，弟弟出生以后，妈妈陪你的时间就少了，妈妈希望有一个单独陪你的时间，妈妈星期三都会在深圳，所以妈妈希望每周三陪着你，你希望是下午放学还是晚上呢？"（固定时间）

"晚上吧。"

"你希望妈妈陪你做什么呢？"

"你来接我放学吧，你都没来接过我放学。"

"可以啊，没有问题，那么每周三，我去接你放学。那么你给这个时光起一个名字好吗？"（固定频率）

威威想了想说："就叫'我们俩'吧"。（固定名字）

"妈妈和弟弟也有特殊时光，妈妈每周二会陪弟弟去游泳。但妈妈跟你的特殊时光里，妈妈只跟你在一起。"（说明跟另一个孩子的特殊时光，但不要跟两个孩子一起商量，这样会造成争抢的困扰）

我跟威威约定了这个新的特殊时光，我每周三固定接送他放学一次。尽管只有不到十分钟的时间，我们两个都很开心，我们经常手拉着手一蹦一跳地去上学，我觉得我比他还要像个孩子，他会看着我偷偷地乐。

半年之后，刚好是母亲节，我带着弟弟在外地讲课，老公给我发来了一张威威制作的母亲节卡片，上面画着三个小人——妈妈左手牵着哥哥，右手抱着弟弟。旁边写着两句话，第一句是"谢谢妈妈每天照顾弟弟，你辛苦了"，看到这句话，我笑了，感觉很欣慰。

然而，看到第二句话，我的眼泪却落了下来，这句话是——"谢谢妈妈每个星期三都来接我放学。"

我完全没有想到，对于老大来说，跟妈妈单独在一起，哪怕只有10分钟的特殊时光，意义竟然如此重大！

事实上，在生老二之前，我跟老大每天都有不同的"特殊时光"。星期一是"去小卖店买东西"，我接他放学后，会在楼下小卖店给他买个吃的；星期二是"出去吃好开心"，我们不在家做饭，而是去吃寿司；星期三是上兴趣班；星期四是开家庭会议；星期五是超市采购；星期六是威威自己的特殊时光，他会在家看一个动画电影。然而，这些重要的特殊时光，都因为老二的到来搁置了，所以，现在即使妈妈一个星期送他上一次学，哥哥都觉得好开心！

在多子女家庭中，跟每个孩子单独的专属"特殊时光"真的很重要，孩子并不需要平均分配的时间，他需要的是"妈妈只属于我"的时间。

一段美好而独特的专属"特殊时光"会帮孩子充满电，给孩子足够的安全感，这种美好而满足的感觉，甚至会在未来很长的时间里，陪伴孩子度过人生艰难的时期。

我到现在都还记得，小时候，我跟爸爸的特殊时光是吃冰淇淋。在那个一根冰棍才1毛钱的时代，我爸爸会在固定的时间，带我去吃小店里5块钱一个的冰淇淋。那个冰淇淋的味道我已经忘记了，可是跟爸爸一起吃冰淇淋的幸福感受一直留存在我心里。30年后的今天，每当我取得成绩时，我都会奖励自己一个冰淇淋，每当我沮丧失落时，我也会买一个冰淇淋，吃到冰淇淋，就好像看到爸爸支持和鼓励的目光，立刻就有了力量。这就是特殊时光给孩子带来的意义。

很多时候，"特殊时光"并不需要太长，重要的是固定，固定会让孩子有安全感。至于是什么内容，完全可以由孩子和妈妈共同商定。家里有两个孩子，妈妈可以跟两个孩子分别制订特殊时光，特别是老二刚出生的第一年，跟老大的特殊时光特别有必要，这能帮助老大过渡到新的身份。

特殊时光可以有很多个，有"两个孩子的特殊时光""孩子跟爸爸的特殊时光""夫妻的特殊时光"等。家长可以跟孩子们一起发挥想象，提出创意，让我们的生活变得更加多彩和有趣。

"我的眼里只有你"——提升陪伴质量

经常有全职妈妈跟我抱怨："我一天 24 小时都陪着孩子啊，可是为什么孩子看起来还是很没有安全感？"

我问："你陪着孩子的时候，在想什么呢？"

通常得到的答案是，想着下一顿饭吃什么，想着买什么菜，微信还没有回复……

我告诉父母们，如果在陪伴孩子的时候，心都没有在孩子身上，那么再多的"时间"也惘然。现在各大城市的商场里，都有小孩子玩的游乐场，父母常常把孩子丢进游乐场，自己在旁边玩手机。所以，只要看一眼，就知道他们的心是在孩子身上，还是在手机上。

很多父母跟我说："那要怎么办啊？我就是有很多事啊。"

我推荐有同样烦恼的父母们，做一个"在孩子眼里找自己"的游戏——在陪伴孩子的时候，你要从孩子的瞳孔里找到你自己。然后，也让孩子从你的瞳孔里，找找他自己。

　　我的大儿子威威，小时候特别喜欢玩这个游戏，他常常跟我说："妈妈，你的眼睛里有'我'。"我也会抱着他说："嗯，妈妈也看到了，你的眼睛里有'我'。"小儿子霖霖不到两岁，就会在我看着他的时候跟我说："妈妈，你的眼睛里有'我'！"

　　当我们都在彼此眼中的时候，手机啊，工作啊，买菜啊，做饭啊，这些跟孩子不相干的琐事就被抛到了脑后。这个时候的陪伴，才是真正高质量的陪伴。这样真实的陪伴，不仅能让孩子很快充满电，获得满满的能量，也能让妈妈从孩子身上获得能量。

🔺 **【微案例】"妈妈没奶也爱你"**

在我的小儿子霖霖一岁以前，我只要去外地上课，就都会带着他，这样我可以一边工作一边喂奶。我想，这样就不会减少对他的陪伴。

当我忙碌一天，把他搂在怀里，让他紧紧贴着我吃奶时，我想，喂奶不就是跟孩子最好的连接嘛。其实，很多时候，我一边喂奶，一边惦记未完成的工作，一只手偷偷地翻看手机。他闭上眼睛睡觉时，我就更加肆无忌惮，心都在手机上，而不是在他身上。

霖霖一岁三个月的时候，顺利离乳。第二天，我带小儿子坐飞机，他想睡觉的时候嘴里一直嘟囔："妈妈没奶，妈妈没奶……"（这是一岁多的霖霖学会的第一句话）

我看着他的眼睛，跟他说："妈妈没奶也爱你。"

可是，我要怎样才能让他体会到这句话呢？他要怎么相信"妈妈没奶也爱你"？

当他渴望地看着我时，我也看着他的眼睛，不是敷衍，而是全身心去体会他此刻的感受。

我说："妈妈给你唱歌吧？"他使劲地点点头。

于是，我轻轻地唱歌，他把头靠在我的肩膀，眼睛看着其他地方，但是一动不动。我以为他没听，但是当我停下来，他就扭头看我。

我问他："还想听吗"他点头。

外婆说："外婆唱吧？"他摇头。

我说："我换首歌啊？"他点头。

就这样，我在飞机上，一直轻轻地唱，他没哭也没闹。我唱了很多首歌，也唱了很多遍，我也没有觉得厌烦。我所有的注意力都在他身上，看他的表情，看他的反应。

第一次，他没有吃奶，把头埋在我的肩膀上，安静地睡着了。

我搂着他，感受到了比喂奶更大的满足感。

"妈妈没奶也爱你。"这不是一句口号，没有母乳了，并不代表我们之间的连接断了。相反，因为全身心地投入和陪伴，我感受到了更多。

我可以放下手机，放下工作，放下烦恼，放下焦躁，在陪他的那一刻，只陪他。当我体会到了全身心投入地爱着他的感觉时，那一刻，我突然感觉到，我也接纳了内在的自己……

有人问佛学大师："开悟是什么？"大师说："吃橘子的时候，吃橘子。"

我学会了，在陪伴的时候，只陪伴。

其实，当我们能够全身心地跟孩子在一起，陪伴孩子时，孩子们都会有一种被理解，被尊重，甚至觉得自己特别有用的感觉。帮助妈妈解决问题，孩子会产生贡献感，孩子的想法被倾听了，孩子能参与解决问题，就不会过分地关注"公平"，父母也会从"公平"的迷思中解脱出来。

【作业】实践：跟孩子约定特殊时光

请跟孩子一起头脑风暴，你跟一个孩子"一起做，不花钱"，同时又能让双方产生幸福、快乐的感觉的好事儿有哪些？

> 比如：读绘本、做游戏、打扑克、散步、看电视……

请跟孩子一起头脑风暴，你跟一个孩子"一起做，花钱"，同时又能让双方产生幸福、快乐的感觉的好事儿有哪些？

> 比如：看电影、去游乐场、去旅行、吃大餐……

如果在这些事儿当中挑选一件跟老大的"特殊时光"中要做的事，你们会选择一起做什么事儿呢？（尽量先选"一起做，不花钱"的事儿）

如果在这些事儿当中挑选一件跟老二的"特殊时光"中要做的事，你们会选择一起做什么事儿呢？（尽量先选"一起做，不花钱"的事儿）

请将你们的特殊时光固定下来吧！

跟老大的特殊时光：

固定名字（跟孩子一起起一个名字）：

固定时间（几点到几点）：

固定频率（一周几次）：

跟老二的特殊时光：

固定名字（起一个名字）：

固定时间（几点到几点）：

固定频率（多久一次）：

164

大家可以关注"妈妈点赞"公众号，回复"特殊时光"，查看更多"多子女家庭的特殊时光"的故事哦！

3.4 教养公平：三"重"奏，让孩子学会直面错误

孩子犯错并不会让他们成为一个没有教养的人，孩子犯错时，父母对待他们的方式，才会决定他们成为一个什么样的人。

⊖ "不是我干的！"

瑞瑞和轩轩的妈妈回到家，突然发现门上多了一个大窟窿，高度看起来跟孩子们的身高差不多。

妈妈非常生气，把兄弟俩叫过来，指着洞大声问："这是怎么回事。谁干的？"

两个孩子一口咬定："不是我干的。"

"不是你们还有谁？"看到两个孩子都不承认，妈妈更加怒火中烧。

"真的不是我们，不知道是谁弄的。"哥哥小声地说。

"在调查不出谜底之前，所有的室外活动暂停。都不准看电视，到房间好好想想，看谁先告诉妈妈真相！"妈妈生气地说。

弟弟"哇"的一下哭了："明明不是我弄的，可能是爸爸弄的吧！"

"不承认错误，两个都要罚，看你们以后还敢不敢撒谎！"妈妈气鼓鼓地把两个孩子分开到两个房间去面壁思过。

家里有两个孩子的父母常常感到困惑，孩子犯错了，要如何管教才能不失公平呢？我们一起来看看，面对"错误"，家长可以如何使用"纠正错误的三重奏"来引导。

重见自己——我的"内在小孩"害怕犯错

"错误"是我们在课堂上经常讨论的话题。还记得本章第一节"物质公平"中我们所描述的"不犯错父母"吗？这里我们再深入地探讨一下，为什么作为父母，我们不希望犯错，同时还会揪住孩子的错误不放手。

我们从小到大，接收到的关于"错误"的信息，往往是这样的。

☐ 错误是不好的。

☐ 我不应该犯错。

☐ 如果我犯了错，我就是愚蠢、糟糕、无能的。

☐ 犯错意味着成为失败者。

☐ 犯错了，千万不要让别人发现。

☐ 如果别人发现我犯错了，要编一个借口。

☐ 犯错的时候，我很糟糕。

☐ 如果我犯错，别人会看扁我。

☐ 如果我犯错了，我得试着不被别人抓住。

☐ 犯错了，最好是找借口，或者责怪他人，而不是承担责任。

☐ 如果我被抓住了，或者承认了，我将承受责骂、羞愧或痛苦的感觉。

☐ 如果我知道自己做不到完美，最好不要冒险尝试。

即使身为一个成年人，父母自己内在也有一个害怕犯错的"小孩"，这就是我们的"内在小孩"。同时，我们心里也住着一个"严厉的父母"，这个"严厉的父母"用我们的父母小时候对待我们的方式，继续严格地对待我们的"内在小孩"，一旦有错误发生，我们的内心会先产成一个严厉的自我批判——"你不够好"！

因此，我们内在的"严厉的父母"严格要求我们的"内在小孩"不能犯错，同时，我们也会以同样的标准，要求孩子不能犯错。甚至，父母认为一个孩子犯了错误，另一个孩子也要跟着受罚，这样可以让孩子们长记性。

在孩子的成长过程中，犯错误本来是件很正常的事情，可是因为孩子的错误常常会触发家长"内在父母"对"内在小孩"的严厉批判，因此，一旦孩子"犯错"，父母就会大发雷霆。

我自己常常用"自由书写"的方式跟自己的"内在小孩"交流。这样的方式，帮助我了解错误的信念对自己造成的影响，也让我学会不用同样的方式对待自己的孩子。

这个与"内在小孩"交流的方法，我也分享给更多人。

目的：跟自己对话，接纳自己的"内在小孩"。

准备：一支笔，一个笔记本，一段安静的时间，一个独立不被打扰的空间。

心态：自由书写不是语文考试，没有老师给你打分，想写什么都可以。

步骤如下。

（1）每天在固定的时间，坐下来，拿出笔和笔记本，开始自由书写。

（2）最开始可以按照年龄，写给每个阶段的自己，比如，"写给一岁的自己""二岁的自己""三岁的自己"……

（3）以"亲爱的三岁的×××（自己的名字或者小名），我想对你说……"或"我觉得错误是……"开启书写。不需要刻意写什么，让心带动笔，让笔带动手，自由书写。一开始写不出来也没关系，可以写重复的话，比如"我真的很害怕犯错……"只要持续写下去，就能把深层次的感受带出来。有的时候自己书写出来的内容看起来很负面，这也没有关系，因为这是在跟自己对话。

（4）当想要结束自由书写的时候，可以以"其实，我想说的是……""我想要活出这样的生活品质……"的句式来书写，让自己看到自己内在的力量。

很多父母不理解，为什么孩子犯错，要探索父母自己的内在。因为当孩子犯错时，会勾起父母自己对待"错误"的恐惧心理，这种恐惧心理让我们看不清事情本身，于是，我们会沿用原生家庭的方式，用自己小时候都不希望被对待的方式，继续对待自己的孩子。这是一个恶性的循环圈。只有我们自己认清自己内在对"错误"的认识，我们才能站在理性的角度，去引导孩子敢于认错。

重拾勇气——让孩子和自己敢于认错

父母希望孩子们能够直面"错误"，父母希望孩子变得勇敢、诚实、守信用、有担当……

其实，孩子犯错以后，父母要关注的是孩子们能否从错误中有所学习。究竟哪种方式可以让孩子从错误中学到好的性格、品质和能力呢？

我们一起来做一道选择题，如果你的两个孩子打碎了一个花瓶，你会怎么说？

A. 怎么回事？谁打碎的？如果不承认，两个一起罚站！

B. 宝贝没事吧？算了，别碰到了，妈妈收拾，你们别管了，去看电视吧。

C. 妈妈看到花瓶破了。有没有人受伤？我想知道刚才发生了什么？有谁可以跟我讲讲吗？花瓶破了，我们可以怎么处理呢？下一次你们玩的时候需要注意什么？

来看看答案的反馈。

A. 这是严厉型父母：这类父母通常界限非常明确，认为孩子的行为必须妥当，因此会用惩罚、训斥的方式要孩子承认错误，但是这种方式没有情感连接。

孩子对待错误的方式：逃避、推卸、隐瞒、掩盖、撒谎、找借口、不敢承认。

孩子学到：控制、顺从、听话、讨好、自律、约束。

B. 这是纵容型父母：这类父母跟孩子有情感连接，但没有规则和界限，容易溺爱孩子，替孩子解决问题。

孩子对待错误的方式：无所谓、不在乎、无视、抵赖、耍无赖、无原则。

孩子学到：无条件自由、纵容、物质满足、包容。

C. 这是引导型父母：这类父母既跟孩子有情感连接，又有规则和界限，信任孩子，会引导孩子自己解决问题。

孩子对待错误的方式：错误不可怕，错误是可以学习的机会。

孩子学到：尊重、理解、担当、敢于承认错误。

引导型父母在处理孩子的错误时，使用的是"从错误中恢复的四步骤"。

第一步，描述事实：妈妈看到花瓶破了。

第二步，关心孩子：我很关心有没有人受伤？

第三步，询问情况（态度平和）：我想知道刚才发生了什么？有谁可以跟我讲讲吗？

第四步，引导解决（让孩子勇敢认错）：孩子，我们每个人都会犯错，重要的是犯错后，要学会弥补错误的损失。有的时候，我们需要跟被伤害的人道歉，有的时候，我们需要通过行动表达自己的歉意。我们一起来想想怎么做可以弥补损失吧。同时，下一次，我们可以怎么避免错误的发生呢？

这四个步骤适用于"错误"发生之后，第一步和第二步是跟孩子建立情感连接，让孩子不会因为害怕而逃避责任，同时让孩子感受到，即使犯错，爸爸妈妈也还是爱我的。第三步和第四步是纠正行为，目的是让孩子意识到自己的错误行为对他人对环境造成的负面影响。重点不是放在让孩子"长点记性"的惩罚上，而是放在让孩子学会弥补损失，学会避免下一次错误的发生上。

这四个步骤同样也适用于父母自己，有的时候我们因为自己的原因对孩子发了脾气，或者是惩罚了孩子，我们也可以用这四个步骤跟孩子道歉。

比如，父母可以跟孩子说："妈妈刚才发了脾气（描述事实），我很想知道你是不是觉得很难过（关心孩子）？妈妈刚才以为你是故意犯错的，你能不能告诉我刚才发生了什么呢（询问情况）？妈妈想跟你道歉，我不应该用发脾气的方式对待你，我下一次会先冷静一下，再来跟你一起处理问题。"（解决方法）

当父母勇于面对自己的错误时，孩子会从父母的行为当中学习到更多，这就是"行大于言"的力量。

📍【微案例】"大概门是我踢坏的……"

瑞瑞和轩轩的妈妈想到了从错误中学习的四个步骤，决定重新引导孩子们。妈妈先是推开了弟弟的房门，发现弟弟呆坐在门口。弟弟看到妈妈突然哭了起来。

妈妈赶紧抱住他，看着他问："妈妈刚才批评了你和哥哥。你是不是觉得很委屈呢？"（描述事实，关心孩子）

弟弟在妈妈怀里从一开始的使劲哭，到慢慢缓和下来，逐渐停止了哭泣。

妈妈说："慢慢地告诉妈妈发生了什么好吗？"（态度平和，询问情况）

弟弟低着头："我跟哥哥玩，他抢我东西，我不小心踢了一下。"

这时哥哥也走过来了，声音怯怯地，目光里充满了迟疑。妈妈也抱住了哥哥说："我看到了你的担心，也看到了你主动走过来的勇气。你愿意跟我说说发生了什么吗？"（继续询问情况）

"大概，大概门是我踢坏的。"哥哥小声地说。

妈妈注视着他，听完了他和弟弟当时"争斗"的情况，说："你一定很害怕吧，不敢说出来"。

哥哥点点头。

"谢谢你们这么勇敢告诉妈妈真实的情况，那我们一起想办法看看怎样来给门治伤吧？"（引导解决）

哥哥和弟弟积极地响应妈妈的号召，开始想办法修补门上的窟窿。妈妈发现门上的窟窿不太好补，弟弟有些沮丧，哥哥主动说："妈妈，要不你用我的零用钱再买一个门吧。"

妈妈说："谢谢哥哥主动提出用零用钱买门，不过门是很贵的，你的零用钱可能不太够。妈妈会用你的零用钱，再补上一些钱，买一个面板，修补一下。下一次你们知道要怎样玩才能不伤害到家里的物品了吗？"

弟弟赶紧说："我们玩的时候要注意旁边的东西。"

哥哥说："我们不在容易碰到东西的地方玩。"

妈妈补充："嗯，你们下次争抢的时候，也别只关注玩具，还要注意看一看周围的环境，要避免危险或是造成不必要的破坏。"

妈妈顺着这个话题，带领孩子们一起探讨怎样能建立起善于观察环境的意识，比如在公共场合，要观察消防安全通道、卫生间的标志等。通过这一次错误，两个孩子都学会了勇敢认错，更从中学到了承担责任的品质，以及避免下次再犯同样错误的方法。

重塑环境——错误是学习的好机会

在我从事亲子教育的第一年，美国正面管教的创始人简·尼尔森博士给我们做过一次内训。她在课堂上轻松面对错误的态度带给我深深的震撼。

这位 80 多岁的老人，在自己忘掉了一个步骤的时候并没有紧张，也没有掩饰，而是非常轻松地举起了双手，说："啊哈！我犯了一个错误！简直太妙了！我们一起来看看，可以从中学到什么吧！"她轻松幽默的对待错误的态度，让我觉得原来错误一点都不可怕啊。

"错误是绝好的学习机会"是简·尼尔森博士的正面管教育儿体系的核心理念之一。当我真正地体会到犯错误可以学到更多的时候，我变成了一个放松的真实的妈妈。

我在家长课堂和讲师课堂讲课的时候，也完全放松下来，大胆地犯错，甚至欢迎错误的发生。我是在跟家长们和讲师们一起学习！如果一次错误都不犯，我们怎么能学到更多呢？

这样轻松的态度也影响了我的学员家长们，更影响了孩子们。不仅在课堂上，我们学会了营造敢于犯错的环境，在家里，妈妈们也学会了给孩子们营造敢于犯错的环境。

创造敢于犯错的环境的三步骤。

第一步：欢迎自己的错误。

自己犯错时，可以轻松地跟孩子说："啊哈，我犯了一个错误，我很开心能从中学习！"

第二步：允许孩子犯错。

孩子犯错时："我看到这里发生了一个错误，真是个好机会，让我们一起看看能学到什么吧！"

第三步：轻松地讨论错误。

晚上吃饭时："嘿，我们今天的餐前时光，来讨论一下自己犯过的错误吧，看看我们可以得到什么启发？"

很多时候，孩子在犯错的时候选择逃避，是因为他们太害怕了，害怕错误的发生带来惩罚性的后果。如果孩子在日常生活中，了解到第一"错误不可怕"，第二"错误是用来学习的"，他们就能在犯错的时候，真正学会轻松面对，勇敢承担，并且学习改进自己的行为。一个可以用轻松的态度面对"错误"的家庭，一个每一次都能从错误中学到积极一面的家庭，是一个有勇气面对"真实的自己"的家庭，这样的家庭培养出来的孩子，才会拥有真正强大的内心。

【作业】自测：识别自己小时候关于"错误"的信念

请选择，这些关于错误的信念当中，你有哪个呢?

☐ 错误是不好的。

☐ 我不应该犯错。

☐ 如果我犯了错，我就是愚蠢、糟糕、无能的。

☐ 犯错意味着成为失败者。

☐ 犯错了，千万不要让别人发现。

☐ 如果别人发现我犯错了，要编一个借口。

☐ 犯错的时候，我很糟糕。

☐ 如果我犯错，别人会看扁我。

☐ 如果我犯错了，我得试着不被别人抓住。

☐ 犯错了，最好是找借口，或者责怪他人，而不是
   承担责任。

☐ 如果我被抓住了，或者我承认错误，我将承受责
   骂、羞愧或痛苦。

☐ 如果我知道自己做不到完美，最好不要冒险尝试。

☐ 犯错误一点都不可怕。

☐ 不犯错误就没办法成长。

☐ 错误是绝好的学习机会。

☐ 欢迎错误就是欢迎全新的自己。

父母识别自己关于错误的信念后，跟孩子聊一聊自己小时候犯过的一个错误，这个错误是什么？你从中学到了什么？

我小时候犯过的错误＿＿＿＿＿＿＿＿＿＿＿＿＿＿。

父母当时对待我的方式＿＿＿＿＿＿＿＿＿＿＿＿。

我从中学到了什么＿＿＿＿＿＿＿＿＿＿＿＿＿＿。

第 4 章

爱要怎么给，才能确保两个孩子都收到

4.1 比较，让幸福打了折扣

"比较"会固化孩子们对自己的认知，这种固化的认知可能影响他们一生。

● "弟弟就是比我强……"

在生二宝之前，我已经讲过六年的家长课了，也看完了市面上大部分跟多子女养育相关的书。我印象很深的是，《如何说孩子才能和平相处》一书中讲到的一句话——"比较"是件危险的事儿。因此，在生完二宝之后，我竭尽所能地避免"比较"。

可是，"比较"还是经常发生在哥哥和弟弟之间。

我有时会一边欣喜地看着弟弟，一边对哥哥说："你看弟弟一个月就会抬头了呢，哥哥当年三个月才会抬头。"

家里人则会说："弟弟比哥哥小时候可胖多啦，吃饭也不让人操心。"

"弟弟特别喜欢跟人交往，看到谁都主动打招呼，以前哥哥见到人就躲，不爱说话。"

"弟弟一看就很聪明，以后长大争取超过哥哥！"

这样的声音在我家时不时地就会出现。

一天早上，我们带两个孩子去公园玩，外婆兴奋地跟哥哥聊天："威威，你记得吗？你四个月大的时候第一次到这个公园玩，外婆记得可清楚了，你在草坪上咯咯大笑，第一次笑出声呢。我们还给你拍了好多照片。"

外婆接着又对怀里的弟弟说："你看哥哥四个月才来的青青世界，你一个多月就来了呢！"

这时，哥哥突然说："弟弟比我强。"

我说："外婆只是想告诉你一些你小时候的事儿，并不是说弟弟比你强呢。"

外婆也赶紧说："是啊，我没说弟弟比你强。"

但是，哥哥似乎并没有听进我们说的话，转过头，继续说："弟弟就是比我强。"

我突然有点语塞，尽管我们的本意是表达对弟弟的喜爱，对哥哥小时候的回忆，但"比较"已经发生了。现在弟弟还小，可比的还不多，等长大一点，哥哥和弟弟可能吃饭也会比，运动也会比，学习也会比，甚至听话程度、性格趋向都会比……

我有些自责，我还是一个多子女养育的导师呢，自己都忍不住"比较"两个孩子，怎么教别人呢？

于是，我在课堂上跟大家分享了这个案例，请父母们来谈谈对"比较"的看法。

有父母觉得"比较"也许没什么——

"丛丛老师，孩子对于'比较'的情绪会不会没有我们想象得那么严重？"

有父母觉得不比较太难了——

"不比较，实在是太难了。整个社会都在比较。"

有父母看到像我这样一直讲课的导师也会"比较"孩子，顿时放松了好多——

"看到你也会比较，让我们这些时不时就不自觉比较的父母心里放松多了！我家也会这样。但到后来再说到比较时，我就会说：来来来，我给你们找相片看。然后，我们一起翻箱倒柜找相片。好像进入到回忆的氛围，就没有比较的感觉了。"

有父母觉得"比较"也是有好处的，我们要关注的是孩子的自信——

"我觉得完全避免比较是不可能的，比较也有它的好处，比较可以让孩子们看到差距。当然，当父母的可以更多地鼓励孩子，当孩子有足够的自信，认为自己足够好的时候，也就不会在意别人的比较了。"

有父母觉得孩子可以听出父母"比较"的动机——

"我觉得孩子很厉害的，他们能听出来你的比较是单纯地说不同，还是刻意地要达到某种目的。我觉得父母在比较孩子时，要看看自己的动机是什么，是为了让对方改变还是单纯地表达爱（回忆里满满都是爱啊）。如果父母在比较孩子们时，只是说明孩子们的差异，不比较孩子的好与不好，还是可以让孩子们感受到他们是不同的人的。"

我觉得家长们真是太智慧了，帮我拓展了很多关于"比较"的思路。因为，几乎所有的育儿书上，总是在警告父母——"比较"是非常有害的，养育两个以上的孩子的父母，一定要极力避免"比较"。

但当我奉行绝对不能"比较"的宗旨时，我会紧绷神经，时刻监督自己不能"比较"，结果，我反而没有办法享受做两个孩子的妈妈的乐趣了。

从此以后，我在多子女养育的家长课堂上，不再一刀切似地告诫父母"比较是件危险的事儿，千万不能比较你的两个孩子哦！"相反，我引导父母的方向是，我们不刻意"比较孩子"，也不过度关注"比较"，即使偶尔"比较"了，也不必过分自责，我们可以做的，是学会把注意力放在如何培养孩子的内心力量上。

同时，我研发了一个新的方法：用三层"看见"代替"比较"。

第一层"看见"：不刺激竞争，看见孩子的独特之处

比较的方式往往是父母通过"刺激"来促使一个孩子向另一个孩子的优势学习。这种有目的的激励，往往适得其反。

比如，父母会这么说。

"你怎么就不能跟姐姐好好学学呢？姐姐成绩那么好！你看看你考的这点分数。"

"你看弟弟吃饭多快，你们比赛，谁吃得快我就奖励谁。"

"妹妹多漂亮啊，鼻子长得比姐姐好看，嘴巴也小小的。"

父母在说这些话的时候，往往不觉得有问题。于是，在课堂上，我采取了一个"以毒攻毒"的方法来引导父母理解孩子的感受。我请三个父母为一组，分成 A、B、C 三个角色，其中 A 扮演"孩子"，拿他的"妈妈"B 和别的"妈妈"C 比较。

"妈妈，你都不是一个好妈妈。你怎么就不能跟多多的妈妈好好学学呢？多多妈妈从来不骂人，每天都给他做好吃的！"

"妈妈，你跟爸爸比赛，谁挣的钱更多，谁就可以陪我出去玩。"

"妈妈，我觉得你没有我们李老师好看，李老师眼睛大大的，你眼睛这么小，李老师头发长长的，你头发这么短。"

扮演"妈妈"B 的父母，听了孩子的这些"比较"，一开始哭笑不得，后来感慨地说："哎呀，被拿来跟别的妈妈比较，真是好难受啊，还挺委屈的。我为孩子做了这么多，怎么还不如隔壁妈妈啦？真想跟孩子说，这妈我还不当了，谁爱当谁当去！"

"比较"这种刺激方式，原来不能激励我们成为一个更好的妈妈啊！因此，"比较"也并不能激励孩子做得更好。

【小测试】姐姐全是 A，妹妹全是 C 和 D，你该怎么说

姐妹两个拿了不同的成绩单回来，姐姐全是 A，而妹妹全是 C 和 D，你会这样说吗？

激励姐姐："哇，成绩真不错，你真棒，你是咱们家最棒的！要是妹妹能有你一半优秀，我就省心多了。"

刺激妹妹："我真为你感到丢脸！你们家长会我

都不好意思去！姐姐总是成绩很好，你怎么就不能跟姐姐学学呢？你总是又懒又粗心！快点，不准出去玩了，让姐姐辅导你把错题改了！"

我们的目的是想让妹妹向姐姐学习，成绩变得更好，同时让姐姐能维持优势，甚至帮助妹妹。然而，在课堂上，我用这样的方式测试了几百个家长，没有一个人觉得他们听了这样的话会想做得更好！

相反，"比较"会造成下面这些后遗症。

（1）形成固化的标签。"比较"会让孩子在内心认定自己是个"好孩子"或"坏孩子"。

（2）促进竞争而不是合作。每个孩子都想占据"好孩子"的位置，不让对方占据同样的位置。如果实在抢不到"好孩子"的位置，那么孩子只能成为"坏孩子"，因为这样反而能获得父母更多的关注。（想想看，学校里老师关注最多的是不是那些表现最好的孩子，还有最调皮捣蛋的孩子呢）

（3）给嫉妒添加燃料。"比较"会让妈妈的爱打折扣，无法传达到孩子心里。会让被比较的一方，嫉妒有相对优势的一方。

如果不比较，父母可以怎么做呢？

我推荐父母用"具体描述"代替"比较"。

具体方法：用"我看见……"开头，展开具体的描述。

具体的描述包括：孩子付出的努力，孩子的具体行为，孩子的相对优势，孩子的特点等。

换成用看见代替比较的方式，父母可以像下面这样说。

鼓励姐姐："妈妈很高兴看到你对学习这么感兴趣。（看见姐姐的学习态度）

"我看见你在期末考试之前，自己安排了复习时间，按部就班地复习。（看见姐姐的努力而不仅仅是成绩）

"我还看到老师在你的评语本上夸奖你，你在学校不仅自己认真复习，还帮助小组的同学设立了订正本，和同学互相督促订正错题。"（看见姐姐对他人的帮助而不仅仅是让姐姐帮助妹妹）

鼓励妹妹："我看见你对数学这门课有兴趣。（看见妹妹的相对优势，数学得了 C）

"同时，我看到你跟姐姐的成绩不一样，即使你们成绩不同，你也有可能对学习感兴趣。（看见妹妹跟姐姐的不同）

"我还看到在考试之前，你多计划了一个晚上来复习阅读。（看见妹妹付出的努力）

"我看到老师给你的评语是，在学校积极参加运动会，接力跑虽然摔倒了，可是仍然坚持跑到了最后。"（看见妹妹的优势）

使用这样的方式，孩子可以学到下面四点。

（1）**对自我的正确认知**：孩子明白自己跟兄弟姐妹是不同的人，孩子需要学会认可自己。这一点很重要，因为很多人穷尽一生，都在努力成为别人口中的"好孩子"，而不是认可自己。

（2）**促进合作而不是竞争**：表现好的孩子能看到的是自己的努力被父母认可，于是，也不再执着于一定要维持好成绩等优势来压倒对方，而可以真诚地帮助自己的兄弟姐妹。

（3）**发挥自己的特点和优势**：如果每个孩子都能看到不同于自己兄弟姐妹的优势和特长，则会把注意力放在发挥优势上。这样孩子更容易找到自己的独特之处，在家里有自己的位置。

（4）**感受到父母的爱**：孩子能感受到无论自己是怎样的人，爸爸妈妈都是爱我的。

第二层"看见"：不打压孩子，看见孩子的小进步

在课堂上，一位妈妈感慨地说，自己以前长了双只看到"垃圾"的眼睛，只能看到孩子们的缺点，总是在拿其中一个孩子的缺点和另一个孩子的优点比较。这其实是在打压孩子，因为这样，慢慢地，孩子就会认为自己是个无用的人。

接下来的一个小活动，可以帮助妈妈看见孩子的小进步，通过这样的引导，孩子也能看见自己身上独特的、闪闪发光的钻石！

【小活动】制作鼓励树

具体方法如下。

（1）制作鼓励树：父母引导孩子一起画两棵不同的鼓励树，分别写上两个孩子的名字。

（2）结果子：回顾孩子一天中值得鼓励的事情，以及体现他们优点的事情，父母将这些事情写在便签上。如果父母上班，没有看到孩子做得好的一面，可以让孩子描述，再由父母写上去。

（3）挂果实：把写好的鼓励孩子的便签贴到鼓励树上。

📌 【微案例】泡泡和朵拉的鼓励树

泡泡和朵拉的妈妈给姐姐和妹妹每人画了一棵鼓励树，把平时看到的姐妹俩值得鼓励的地方写成鼓励贴纸贴上去。这个小小的仪式让姐妹俩很欣喜，每次她们看到妈妈鼓励自己的那些话时，都会露出甜美的笑，而且她们基本熟记了上面的话。

妈妈认真地记录着。

"姐姐，我昨天去你的教室，看到你的座位、抽屉都非常整洁，我相信你在学校会把自己的东西整理得很有条理！"

"姐姐，我看到你在因为'不公平'的事情而生气时，用翻看字典按拼音找字的方式来让自己平静，这是一个新办法。"

"朵拉，谢谢你星期天把头上的橡皮筋借给姐姐，真是帮了她大忙。谢谢你的分享。"

"朵拉，你坚持在咳嗽的时候不吃糖、多喝水，所以你的病好得很快。你懂得照顾自己了。"

"朵拉，明天是你做小广播员的日子，你自己早就想好要背诵《春晓》，你自己独立地做好了安排，都不用妈妈帮忙，很能干啊！"

……

妈妈给孩子们写鼓励贴纸有三周了，妈妈说，"如果不是这么一字一句地写下她们的好，真是会忘记生活中孩子们这些值得鼓励的点点滴滴。"

姐姐的鼓励树上的贴纸排得很整齐，因为她相信她会有很多鼓励贴纸，要好好排列才能贴得下。

朵拉会每天告诉妈妈她值得鼓励的地方，或者有时候直接"指使"妈妈："我觉得，这件事你需要写下来贴在我的鼓励树上。"

通过这样的方式，孩子们每天都能够看见自己的小进步，发现自己身上闪闪发光的钻石，从而获得内在的动力去做得更好，而不需要跟兄弟姐妹进行比较。这样的自信气质会伴随孩子们一生，即使步入社会，他们也会相信自己是有特别优势的。

第三层"看见"：不贴标签，看见孩子的全貌

我的大儿子威威，从小是一个很有自己想法的孩子，喜欢沉浸在自己的世界。小时候，他经常被家里的老人贴上"胆小""敏感""安静""不爱运动"的标签。

弟弟霖霖的出生，让这种对比更加强烈了，从出生的时候起，弟弟就走了跟哥哥完全不同的路线。现在才一岁半，就已经被认定为"大胆""调皮""无所畏惧""外向""爱运动""很喜欢跟人打交道"，需要注意的是，我们给孩子贴的这些标签会固化我们对孩子的认知。

【微案例】我彻底撕掉了贴在孩子身上的标签

我带着三岁的威威和五岁的小美玩，小美是朋友的女儿。小美家门前有一个约4米高的大龙虾雕塑。

小美想邀请威威一起爬"龙虾"。看到威威有些犹豫和胆怯，我在心里认定威威不敢爬，因为他就是一个很谨慎的孩子。

然而五岁的孩子小美，并没有认定威威是一个"胆小"的人，她并没有像大人一样跟他说："没事儿，要勇敢。"而是满脸认真地给威威讲她爬龙虾时的心路历程："威威，我告诉你哦，第一次我也很害怕不敢爬，所以我只爬了这么一点点。"她指着龙虾尾巴稍高一点的一条线，示意她第一次爬到的位置，威威顺着她的手看了过去。然后她指着更高一点的地方，说："然后我又爬到了那里。"接着，小美像个小大人一样，自信满满地说："再然后，我就告诉自己，我一定可以爬上去的，就这样，我爬到了最上面。我知道我可以做到的。"

威威听得很认真，小美没有说这是一件很容易的事情，也没有跟威威说："别害怕。"而是像她妈妈平时教她那样跟威威共情，分享自己的经历。我看到威威的眼神有些变化，开始期待和跃跃欲试，于是我问他："威威，你想不想试一下？妈妈抱你到龙虾尾巴上？"这一次，威威没有再说害怕或抗拒，而是尝试着坐到了龙虾的尾巴上。

这时，小美从最底下开始爬，很耐心地给威威做示范动作。意外地，威威开始一次次地尝试，每一次都比前一次爬得更高，最后，竟然自己爬到了最顶端！还很自在！看着高处这两个快乐满足的孩子，我竟然有莫名的感动，眼眶都湿润了。当小美不给威威贴标签，而是单纯地觉得"威威可以做到"时，威威也感受到了这种鼓励的真诚吧。通过自己的努力，爬到龙虾最顶端的威威，此刻也不再"害怕"或"退缩"，他站到了从来没有站过的高度，自己也获得了非凡的成就感，他在龙虾头顶上开心地跟我挥手。

撕下心里的标签——孩子真的不一样了！

我很感激这两个孩子给我上的一堂关于"不贴标签"的实例课，从这一天起，我彻底在心里撕下了给威威贴过的"胆小""怕事儿""不爱运动""害怕冒险"这些标签，不仅嘴上不说，心里也不再这样想了。

我更加清晰地明白，孩子需要的是信任和鼓励，而不是用一个标签给他们定型。给孩子贴上标签，不管这个标签是好的，还是坏的，都会影响我们全面、客观地评价一个孩子。

弟弟霖霖出生以后，我看到两个孩子从一出生，就是不同的。如果我总是拿他们两个不同的特质相互比较，其实是对每个孩子的不尊重。当我不再用一个标签将他们固化成我喜欢的样子，我才更多地理解，生命不是用来比较的，生命是用来完成的。成为两个孩子的妈妈，让我有更多的机会了解一个生命的特别之处，让我可以参与到他们完成自己人生功课的过程当中。

我讲授多子女养育课程，并不是要教导父母做一个"圣人"，毫无比较之心。偶尔的比较没有关系，只要我们的内心可以看见每个孩子的独特和个性，那么我们就可以教导孩子：你可以成为和兄弟姐妹不一样的独特的你自己。

【作业 1】实践：制作鼓励树，"看见"孩子不同的优点

请在家中为你的孩子们画一棵鼓励树吧，每天看见他们不同的特点和优点并记录下来。

思考：在《不急不吼 轻松养出好孩子》一书的第 122 页，也有鼓励树和彩虹墙的做法，请问你觉得针对一个孩子的鼓励树，和针对两个孩子的鼓励树，有什么不同呢？

_____

_____

【作业2】选择：如何应对家人比较孩子

当家里的老人总拿两个孩子做比较时，我们可以怎么说呢？

比如，外婆跟弟弟说："多跟你哥哥学学，放学回家先写作业，别一天到晚这么懒散。哥哥学习多好啊，怎么你们一个妈生的，两个人这么不一样。"

你会怎么说？

A. 不插手，反正说了对方也不会听的。

B. 跟老人说："妈，我都跟你说了，不要老拿他们两个比较，他们是不同的孩子啦，每个人都有优点。"

C. 跟孩子们说："我看到今天哥哥放学直接把作业写完才看电视，哥哥已经学会安排自己的时间了。我看到弟弟今天回家先跟妈妈打了招呼，还给哥哥拿了香蕉吃。"

D. 跟老人说："妈，我知道你希望弟弟多跟哥哥学哥哥好的方面，也想让弟弟养成好的学习习惯，其实我也一样呢。不过，他们兄弟俩优势不太一样，哥哥是听觉很强，弟弟是体能很强，坐不太住，他们需要互相学习。哥哥的优势是坐得住，爱看书，弟弟也有弟弟的优势呢，他热爱运动也喜欢跟人交往呢。"

答案反馈如下。

选择 A，这样的做法应尽量避免。在家中其他成员对孩子们进行比较时，如果父母完全不插手，不管也不问，这会让孩子们认为，我的爸爸妈妈也是这么想我的。孩子们会认为是自己不够好。总是被比较缺点的孩子，会认为自己没有办法占据"好孩子"的位置，会认为自己只能在"坏孩子"的位置上才能够获得关注。在行为表现上，这类孩子会有更多的挑战行为出现。

选择 B，这样的做法应尽量避免。直接"教导"家庭其他成员，效果也不好。这样的做法会引发家人的抵触和排斥，也会让自己更加烦躁和难堪。

选择 C，这样的做法可以尝试。有的时候，其他人说什么并不重要，孩子只需要确认父母是怎样看他们的，就够了。因为父母才是影响孩子最深的人。父母们首先要确保自己先看见孩子的独特之处，而不是先要求他人看见。

选择 D，这样的做法可以尝试。首先，肯定家人对孩子进行"比较"的目的是正向的，是希望孩子做得更好。然后，告诉家人还有其他方式能让孩子做得更好，比如发现他们的独特之处。这样的沟通方式更容易让家人接受。

4.2 愤怒，是埋藏的定时炸弹

家长越是不怕面对孩子的负面情绪，孩子就越能尽早学会如何处理情绪。

😊 失控了的小怪兽

小 Q 是一位三宝妈，她来上课是因为大儿子和二儿子之间经常发生激烈的争斗，有时争斗的严重程度真的超出了妈妈的承受能力。课堂上，她跟我们分享了这样一个故事。

有一天，妈妈在厨房做菜，突然看到弟弟气急败坏地冲进厨房，冲着妈妈喊："妈妈，你给我一把刀！我要打哥哥！"

妈妈看弟弟不依不饶，用了个激将法，跟弟弟说："行啊，不过你拿刀打哥哥会很疼的，还会流血。"

弟弟听到，原来用刀会流血，突然又说："那我要去跳楼！"说着就转身冲向阳台，要往栏杆上爬。

妈妈的脑袋嗡地一下懵掉了，赶紧冲过去拉弟弟。妈妈拦腰抱着弟弟，想把这个失控的小怪兽控制住，但是他挣扎的力气太大了！

于是妈妈跟他说："如果你跳下去，你就会死。如果你死了，我会很伤心，哥哥也会很伤心，我们全家都会很伤心。不过哥哥就算很伤心，还是会坐在你的位置上看电视，妈妈也会很伤心，可是还是要接送哥哥上下学，但是你就没有办法见到我们了，跳下去就没办法后悔了！"

没想到，妈妈本能的反应竟然起作用了，弟弟挣扎了一会儿，听到妈妈说的后果，觉得不是自己想要的，便哭着跑进了房间。妈妈不知道该怎么继续处理，只好把这个案例拿到课堂上跟我们讨论。

这位妈妈说："我当时已经没有办法思考了，学过的所有育儿技巧都想不起来了，只能靠本能反应。我也后怕，万一孩子真去伤害哥哥或者伤害自己了，可怎么办啊？"

我们听着小Q的故事，想到当时的紧急状况，不由得跟着紧张。父母们纷纷感慨，如果自己遇到了这样的情况，还真不知道该怎么处理。

于是，我借着这个机会跟父母们分享了遇到孩子这种极端的行为时可以使用的"剥洋葱式疏导法"。

处理极端情绪的"剥洋葱式疏导法"

"剥洋葱式疏导法"有以下四个步骤。

步骤一，制止危险。

步骤二，允许发泄。

步骤三，帮助表达。

步骤四，寻找需求。

为什么用"剥洋葱"来比喻呢？这是因为，当孩子出现这样的极端情绪和危险行为时，他们真实的内在被表面的"刺"遮住了。父母必须像剥洋葱那样层层深入，才能触碰到孩子的内心，从而给予有效的引导。

我拿出了一张"剥洋葱式疏导法"的示意图，带领在场的父母跟着我一起，透过孩子表面的行为层层深入分析孩子的内心。

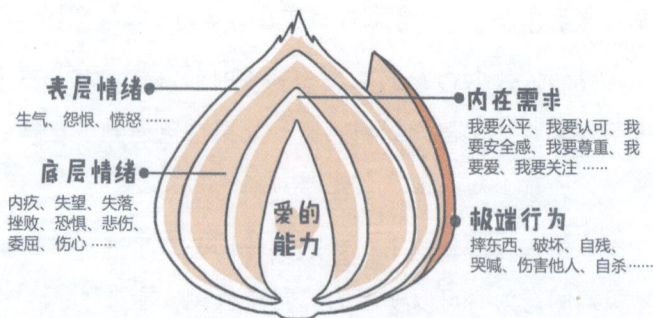

表层情绪
生气、怨恨、愤怒……

底层情绪
内疚、失望、失落、挫败、恐惧、悲伤、委屈、伤心……

爱的能力

内在需求
我要公平、我要认可、我要安全感、我要尊重、我要爱、我要关注……

极端行为
摔东西、破坏、自残、哭喊、伤害他人、自杀……

第一步 "制止失控"：及时制止孩子失控的危险行为。

如果孩子在极端情绪的控制下，出现了失控行为，比如伤害他人、损坏物品、破坏甚至是自残，父母首先需要做的是制止这样的危险行为。这时，行动往往比语言更有效。

父母可以做的如下。

√ 拿掉有危险性的武器。

√ 不递给孩子刀具等危险物品。

√ 用身体挡住失控的孩子，同时保护好自己。

√ 抓住失控的孩子的手。

√ 分开相互伤害的兄弟姐妹。

√ 将失控的孩子抱离现场。

√ 一起去冷静角待一会儿。

√ 移开容易被破坏的物品。

在有极端情绪的时刻，孩子是不能正常思考的，更谈不上顾及父母的感受了，他们并不会以温和的方式发出"妈妈我需要你的帮助"这样的求救信号。

父母制止孩子，是为了防止危险后果的发生。同时父母也要做好心理准备，孩子的情绪有可能会因为发泄的行为被制止了，而变得更加激烈。

家长用行动或语言跟孩子表达"不"，很有可能被孩子当成"靶子"，他们的情绪表达反而会更加激烈。不用担心，这是一件好事儿呢！美国的儿童心理学家帕蒂·惠芙乐认为对于这种状态的孩子，父母温和而坚定地说"不"，就相当于一件礼物。因为当父母说了"不"，孩子就可以充分地表达自己的烦恼了。这个时候，如果父母能平和地留在孩子的身边倾听孩子，那这份礼物就更加趋于完美了。

因此，父母制止孩子的失控行为时，平和的态度非常重要。开篇案例中的妈妈小Q在弟弟出现极端情绪的时候，自己首先保持冷静，这一点真的很难得。因为孩子的负面情绪和伤害性的行为常常会引发父母内在的恐惧和担心，会让父母情绪失控。只有父母先确保自己的状态良好，才能有余力帮到孩子。

如果在阻止孩子失控行为的时候，父母觉得自己的情绪也无法控制了，可以先将孩子带到一个安全的区域，自己花时间冷静下来，再进行下面的步骤。

第二步"允许发泄"：允许孩子释放愤怒的能量。

事实上，孩子是因为无法处理自己的情绪，才会做出很多行为失常、莫名其妙的事，比如像弟弟突然要拿刀打自己的哥哥，或者要从楼上跳下去，或者把自己关进屋子里。

孩子有失控行为时，最容易被别人看到的情绪，往往是表面的生气和愤怒。如果孩子曾经受到过伤害，那么，有极端行为的时候情绪可能是怨恨。孩子的危险性和伤害性的行为不能被允许和纵容，但是情绪是可以被允许的，无论那个情绪是什么。

父母可以这样说来帮助孩子合理发泄愤怒情绪。

√ 生气是可以的。（告诉孩子生气是被许可的）

√ 妈妈也会有愤怒的时候，这很正常。（告诉孩子愤怒是每个人都可能会有的正常情绪）

√ 你是想冲着毛绒玩具大喊一声呢？还是想到走廊使劲跳一下？

√ 你想在这张纸上使劲画吗？把你的愤怒狠狠地画出来。

√ 你可以打枕头或者沙发靠垫，但不能打人。

√ 你可以把对哥哥所有的怨恨都写下来，或者你说一个我写一个。我不会念给哥哥听。（引导孩子通过合理安全的途径发泄愤怒）

√ 你需要我的一个拥抱吗？（用拥抱支持孩子，保持爱的连接）

√ 我就在你身边，看着你，哪里也不去。等你好了我们拥抱。（留在孩子身边平和地倾听）

√ 你需要我待在你身边吗？（尊重孩子的意愿）

√ 无论怎样，我都爱你，在这个房间，你可以想喊什么就喊什么。

√ 你可以到你的冷静角待一会儿，等你感觉好点了再出来。（给孩子一个安全的空间）

需要注意的是，引导孩子合理地发泄愤怒情绪的原则是不能伤害别人和自己，同时也要尽量避免损坏东西，否则当孩子冷静下来后，会产生新的内疚感，也无法学会感知他人的感受。

有的时候，父母无法协助孩子完成愤怒或者怨恨情绪的表达，可能是有一些深层次的原因触发了父母自己内在的创伤。这个时候，父母强行保持自己的情绪稳定会非常困难。

我教给父母们一个小妙招，如果父母觉得倾听孩子的愤怒非常困难，无法保持自己情绪平和，那么，可以在心里默念这三句"咒语"。

√ 情绪会来，情绪也会走。

√ 无论发生什么，我的孩子总能学到他该学到的。

√ 负面情绪也有正面意义，我想跟孩子一起发现它。

如果父母真的允许孩子"发脾气"，并能在旁边平和地陪伴孩子，倾听孩子的愤怒，那么孩子就会接收到一个非常重要的信息："无论怎样，妈妈都是爱我的，她不会放弃我。"有的时候，这样极端的愤怒情绪的表达可能会持续 20 分钟以上，甚至更久；有的时候，愤怒情绪很快就能过去。在这个时候保持和善和坚定并不容易，父母常常会过于和善，轻易满足孩子，或者过分坚定，用惩罚孩子来赶走愤怒。

面对愤怒，家长如果轻易满足孩子，被孩子控制，会造成什么后果呢？

如果用满足孩子的无理要求来赶走愤怒，孩子就会学会把愤怒当作控制父母的武器，下一次他会变本加厉，直到达到自己的目的。

如果用惩罚孩子的方式来赶走愤怒，又会有什么后果呢？

惩罚会把愤怒变成一块巨石，压在孩子心上，总有一天会压垮孩子，孩子很可能会因此出现更极端的行为。

正确的做法是既不纵容它，也不打压它，把愤怒当成孩子的一个好朋友，陪着孩子，静静地看着它，等它待够了自己离开。

当愤怒的小怪兽选择离开时，孩子会出现这些迹象。

√ 逐渐从歇斯底里恢复到平静。

√ 哭闹逐渐转为抽泣。

√ 剧烈的身体动作转为小幅度的身体动作。

✓ 可以听到父母的话并做出相应的回应。

✓ 愿意让父母靠近。

✓ 表达逐渐变得清晰。

当孩子出现这些信号时，父母就可以进行下一步的引导了。

第三步"充分表达"：帮助孩子充分表达深层情绪。

很多时候，孩子的深层情绪并不像愤怒那样容易被察觉。

有的时候，孩子是因为情感被伤害了，才会愤怒地破坏东西；有的时候，孩子是因为委屈和伤心，才会怨恨地伤害父母或兄弟姐妹；有的时候，孩子则是因为感受到挫败和无力而生气地想打人。

孩子往往很难发现和觉察自己的深层情绪，如果这个时候家长可以做到共情，做到理解孩子，孩子就会释放他们的情绪压力。

作为父母，我们可能都经历过这样的过程，原本孩子的愤怒已经平息了，但是当妈妈抱着孩子，跟孩子说一句："刚才你是不是觉得很委屈？"这时，孩子有可能会再次"哇"的一声哭出来。

跟之前的大哭大闹不同，妈妈的这一句话触碰到了孩子更加深层的感受，愤怒的表达常常是剧烈的，然而深层情绪的表达往往会伴随着孩子身体的颤抖、抽搐，孩子的啜泣声会逐渐地由大到小。这个过程如果允许孩子充分表达，他们可能会哭上一会儿。但是不用担心，这样的哭泣往往是有疗愈效果的，在父母的陪伴下，孩子可以学会怎么跟自己的情绪相处。

帮助孩子充分表达深层情绪，家长可以像下面这样说。

√ 我猜，你刚才是不是很<u>委屈</u>？（这里委屈可以替换成其他的情绪，如伤心 / 难过 / 害怕 / 内疚 / 失望 / 挫败等，有时候猜不准也没关系，可以多猜几次）

√ 我爱你，我能理解你的不愉快，我不愿意你独自承受。（确保陪在孩子身边）

√ 当你感觉难过的时候，妈妈会在你身边，即使我不在，我的心也跟你在一起。（让孩子感觉到父母的支持）

√ 我在乎你的感受。

√ 我也跟你一样有过同样的感受。

√ 如果你想哭，可以在妈妈怀里哭。

√ 我很想抱抱你，如果你愿意的话。

孩子能在父母的陪伴下，表达真实的情绪和宣泄内心的不快是非常幸运的事情。

负面情绪			
愤怒	悲伤	无奈	不安
恐惧	自卑	恼火	绝望
痛苦	孤单	害怕	嫉妒
难过	不满	生气	无助
委屈	后悔	纠结	懊恼
焦虑	压抑	郁闷	失落
愧疚	烦躁	着急	崩溃

正面情绪			
平静	高兴	舒服	美好
舒畅	轻松	有趣	快乐
幸福	满意	和平	甜蜜
愉快	自然	放松	自由
温柔	温暖	自在	安全
自豪	美好	满足	开心
兴奋	自信	平和	踏实

当孩子的深层情绪充分表达后，你一定会捕捉到这些信号。

√ 孩子逐渐恢复平静。

√ 孩子抬头看着父母。

√ 孩子眼睛里重新流露出光彩。

√ 孩子能注意到身边的事物。

√ 孩子玩妈妈的头发或允许其他的肢体接触。

√ 孩子开始观察细小的事物。

√ 孩子找个小小的理由开始嬉笑。

这时候不要着急跟孩子提刚才过去的"狂风骤雨"，如果孩子愿意跟你聊聊，那么父母可以温柔地聆听，如果孩子不愿意，父母可以找另外的时间跟孩子聊聊这次事件，不要强求，否则可能会增加孩子的顾虑，使他不敢在父母面前尽情宣泄。

第四步"寻找需求"：找到孩子内心真实的需求。

孩子的基本需要，不仅包括日常生活中的吃、喝、拉、撒、睡，还包括与人情感的连接。孩子失控行为的背后，可能是他们表达不出来的对爱的渴望和需求。

√ 我渴望被爱。

√ 我需要公平。

√ 我想妈妈看见我。

√ 我需要被关注。

√ 我要权力。

√ 我需要安全感。

√ 我需要认可。

√ 我的感受需要被接纳。

……

如果这些需求一次一次被父母忽视，则有可能演变成孩子的报复等激烈行为。

美国儿童心理学家帕蒂·惠芙乐说过："如果你看到一个孩子狂暴地打他的亲人，你可以假定他正处于极度的痛苦之中。他是以这种狂暴的方式请人们注意这个事实：他受到了伤害，需要帮助。"

怎样才能发现孩子内在的需求呢？我觉得非常有效的一个方式是"游戏式倾听"，这个方法帕蒂·惠芙乐在她的著作《倾听孩子》中也提到过。

具体的做法如下。

（1）妈妈安排一段完全不会被打扰的时间和一个孩子在一起。

（2）妈妈不受任何干扰，不打电话，不理会门铃，不同时照顾其他孩子。除了和眼前的这个孩子在一起，不做其他任何事情。

（3）在这个时间段内，让孩子有支配妈妈的权力。

（4）妈妈做任何孩子想要妈妈做的事。

听起来步骤很简单，但是做起来却并不容易。孩子一开始会试探妈妈的极限，做一些最无聊或最烦人的游戏，直到他确认妈妈确实把所有的身心都放在自己身上。

有的时候，孩子会测试自己的身体极限，比如从高处跳下来，探索危险的事物。

一开始，妈妈可以把范围限定在安全的卧室，关起门不被打扰。当孩子感受到妈妈的真诚时，他们则会在这个"专门的时间"，试着触碰曾经让他们烦恼的事情，以及未被满足的需求。

比如，孩子平时挨了老师或者父母的训斥，他会在这个时间扮演老师或父母的角色来训斥或责骂妈妈。如果他在和兄弟姐妹的相处中受到了不公正的待遇，他也会展露出来。

如果孩子在妈妈营造的"专门时间"获得了足够的安全感，那么，孩子就会将他的问题、困惑、需求一览无遗地暴露给妈妈。

了解到孩子真实的需求后，父母就可以有意识地调整一些做法，比如，父母可以这样做。

√ 更多地拥抱孩子。

√ 公正地对待孩子。

√ 调整自己的情绪，不把负面情绪发泄到孩子身上。

√ 看见并夸赞孩子的进步。

√ 给孩子特别时间的陪伴。

我引导妈妈小 Q 回家用这"剥洋葱"四步法寻找老二经常暴怒的背后存在的需求，妈妈照做了。第二周，她回到课堂跟我们分享了她的发现，弟弟跟哥哥经常爆发战争并不是无缘无故的。弟弟在专门时间里渴望得到妈妈的关注，弟弟知道一跟哥哥爆发"战争"，妈妈就会关注到他。这一周，妈妈给了弟弟很多的关注，她发现弟弟跟哥哥相处的时候，"战争"减少了一大半！

而哥哥以前会因为弟弟的挑衅使劲打弟弟，背后的原因竟然是妈妈带着哥哥从美国回到中国，哥哥有很多的压力无处释放。

《安全基地：依恋关系的起源》的作者约翰·鲍尔比说过："一个得到关心和倾听的孩子可能会成为一个越来越独立自强的人，对世界勇于探索，善于与他人合作，即使遭遇挫折，也仍然能够给予别人同情和帮助。"

越是有极端情绪的孩子，其实越需要家长真诚的帮助。当孩子学会了如何跟自己的情绪相处后，就不会再用极端的行为来表达内在的感受了，这将会是让孩子受用一生的礼物。

【作业】连线：负面情绪的正面意义

连线题：你能找到负面情绪的正面意义吗？请连线。

愤怒	指引找寻方向
恐惧	给予力量改变
伤心	建立标准
厌恶	避开危险
焦虑	连接内心

答案反馈如下。

愤怒的正面意义：给予力量改变。

愤怒可以给予孩子力量。在我们没有力量的时候，它激发起我们内在的力量去抗争，去争取自己想要的东西。

恐惧的正面意义：避开危险。

恐惧的作用就是帮孩子躲避这些危险，保护自己。没有恐惧的人，其实是不知道危险的边界的，这样的人容易触犯身体或生命的界限。

伤心的正面意义：连接内心。

伤心的作用是让孩子跟自己的内心在一起，对自己，对他人有同情心，有同理心。

厌恶的正面意义：建立标准。

厌恶的作用是确定一个人的喜好，并建立审美和标准，对自己，对他人，对世界有要求。

焦虑的正面意义：指引找寻方向。

焦虑意味着当下没有方向，是需要阶段性目标和方向的信号，同时焦虑也会促使人们更多地去探索，直到找到方向，找到方向后，焦虑就会消失。

4.3 分离，让孩子心门关闭

孩子越是在小的时候，越是需要父母的陪伴。

要不要把孩子送回老家养

在中国，很多的多子女家庭选择将其中一个孩子送回老家让老人帮忙抚养，自己带另一个孩子。很多父母问我，这样会给孩子造成什么影响？

在回答这个问题之前，我想讲一个我的大儿子威威小时候被留在老家的故事。

我的大儿子威威因为我工作的原因在奶奶家住了四个月，当时他只有两岁。

奶奶说威威在老家吃饭、睡觉都很规律，让我放心。我知道爷爷奶奶对他的生活照顾是无微不至的。我跟孩子经常视频，他在电话里、视频中一次又一次地跟我确认："妈妈春节就来接我了吧？"我说："是的，你听到门外放鞭炮的时候，妈妈就去接你了。"

有一天，威威跟我视频的时候，突然跑开了，跑到了客厅的窗帘后面，把自己遮起来。爷爷说："他最近都很喜欢躲在窗帘后面，说这是他深圳的家。"听到"深圳的家"几个字眼，我的眼泪"唰"地一下就涌了出来。

终于，盼到了我回去接威威的那一天。可是跟我想象的不一样，见到威威的时候，他并没有热情地扑过来，而是远远地躲在门后。

到了晚上，他躺在我身边怎么也不肯入睡。

我问他："你是不是看到妈妈很兴奋，不想睡觉啦？"

他点点头，说："嗯。"

我说："那我们聊天吧，你跟妈妈说说，这几个月在老家，都发生了什么吧？"

他真的开始说了，我躺在他身边，歪着头看着他，开始听。他一直说，一直说，从晚上 10 点说到了 12 点……

说的过程中，他的眼睛一直盯着我看，几乎都不眨眼。

我突然意识到了什么，问他："威威，你是不是怕闭上眼睛，妈妈就消失啦？"

他的身子颤动了一下，说："是……"

我的鼻子一下子就酸了，摸摸他的头，跟他说："你放心，你睁开眼睛的时候，妈妈一定还在你身边，我不走。我走的时候，一定带你走。"

我说完这句话后，就看到他一直睁得大大的眼睛，缓缓关上了，眼皮就像一扇窗帘缓缓落下……不是自己闭上的，而是，困得实在撑不住了，自动关上的……

他眼皮合起来的那一瞬间，我的眼泪就流下来了……

接下来，整整一个星期的时间，他都没有叫我"妈妈"。而是，我再也不能消失在他的视线里，一旦看不见妈妈，他就会哭。

在老家的每一个晚上，入睡前，他都要用手捧着我的脸，深情地注视着我。在他的目光里，我开始理解"妈妈"这个词的含义到底有多重。三岁以前的孩子，除了妈妈，什么都不需要。

我把这段经历写成了一篇文章：《别让你的孩子成为有父母的"孤儿"》。（关注"妈妈点赞"微信公众号，回复关键词"孤儿"即可查看）没想到，这篇文章在网络上引起了巨大的反响，有几百万的阅读量，很多人给我留言，讲述了她们相似的经历。

"生老二的时候，我把姐姐放在老家10个月。接回来的时候，她叫我'阿姨'，我内心无比崩溃。但认出我是妈妈后，她的小胳膊就紧紧抱着我的脖子不想松开。她花了很长时间才接受弟弟，我想跟分离10个月有很大关系。"

"我们家妹妹刚满一岁时，由爷爷奶奶在老家带了100天，我回去看她时，原本会叫'妈妈'的女儿见到我，第一反应是往奶奶身后躲，只会偷看妈妈，那情形至今回想起来还心如刀割。"

"我回忆起了小时候，我见到久违的妈妈的画面。我不记得那时候自己是什么心情，只记得我和妈妈面对面站着，望着彼此。而那一段和妈妈分离的时光，是我最不能触及的话题，只要提起就会泪奔。"

听了这些故事，我们懂得了分离真的会让孩子的心门关闭。

郑立峰老师在《家庭系统排列》一书中捐出：在孩子 0 ~ 7 岁时，如果孩子和父母（尤其是母亲）有一段显著的分离时间（3 个月以上）。那么孩子就会有所谓的"亲子中断"创伤。

分离的原因可能是父母关系不和，把孩子交给老人照顾；也可能是经济原因，父母要去外地打工，于是让孩子留在老家，孩子也变成了所谓的留守儿童。

孩子的症状是身体麻木、情感封闭、跟父母疏远，长大后难以跟其他人包括异性建立亲密关系。

因为懂得分离对孩子的伤，我常常规劝父母们，无论怎样，都尽量把"送孩子回老家"这个选项放到最后。

有妈妈说："自从生了两个孩子，我经历了很多的痛苦、挣扎，但还是要坚持自己带孩子。现实再糟糕，也不是分离的理由。我每天晚上睡觉前跟两个孩子的'窃窃私语'和亲密拥抱的时光，温暖了孩子，也滋养着我自己。"

也有很多父母问："丛丛老师，怎么办？我曾经跟孩子分离过很长一段时间，会不会给他造成难以磨灭的创伤？"

事实上，分离的创伤是可以修复的，父母（特别是妈妈）就是孩子最好的"疗愈师"。我把分离后跟孩子的修复总结成了"疗愈的三个 8 分钟"。

分别是：

每天 8 分钟注视时间；

每天 8 分钟聆听时间；

每天 8 分钟拥抱时间。

看上去不难，但做起来并不那么容易，因为这需要父母真的把心放在孩子身上。

每天 8 分钟注视时间

如果我们仔细观察刚刚从老家接回来的孩子，会发现他们有很多试探性的行为。有的时候这些行为会让父母觉得孩子在挑战父母，事实上是孩子在测试爸爸妈妈到底还爱不爱我。如果父母着急纠正孩子的不良行为，就会失去跟孩子重新建立连接的机会。

我建议父母（特别是妈妈）每天给自己 8 分钟的时间，去注视这个曾经分离过的孩子。同时，在心里告诉自己："我要不带评判地，带着爱看见这个孩子。"

🖋 【小练习】爱的关注

请你闭上眼睛，回想一下，从当爸爸妈妈的第一天起，你注视着你的孩子，你们之间最幸福最美好的那些时刻。

比如，当孩子第一次来到你的面前时，你看着孩子小小的鼻子，小小的嘴巴，紧闭的双眼，你想把全世界最美好的东西都给这个孩子。

比如，当孩子冲着你笑，用手抚摸你的脸颊时。

比如，第一次听到孩子叫"妈妈"（爸爸），你兴奋地大叫时。

比如，孩子第一次迈开步，学会了走路，你激动地张开双臂，让他／她迎向你时。

比如，孩子给你画了一幅画，送了一个礼物，告诉你"我好爱你"时。

……

回想这些画面，能够帮助父母找回我们原本就有的，对孩子本源的爱。

带着爱，我们注视孩子的目光会变得无限温柔。

与父母分离的孩子回到家中，妈妈如果可以每天有这样 8 分钟的时间，带着全身心的爱注视孩子，可以重新修复跟孩子之间断裂的爱的连接。

有的时候，父母可以看着孩子的眼睛，有的时候可以看着孩子的背影，那么无论孩子在做什么，他都能从爸爸妈妈的注视里感受到爱。

【小提示】如果孩子不得已必须送回老家，有哪些注意事项呢？

（1）孩子的年龄最好在两岁以上，越小的孩子越不适合离开父母（特别是妈妈）很长时间；

（2）最好让孩子跟随熟悉的抚养人，而不要直接把孩子放在没带过他的抚养人那里；

（3）每次离开的时间尽量不要超过一个月；

（4）不要骗孩子或偷偷离开，要告诉孩子妈妈接回他的时间，让孩子存有希望；

（5）孩子跟父母分开的期间，妈妈仍要跟孩子保持爱的连接，具体的方法如下。

√ 跟孩子视频通话（固定频率）。

√ 让孩子经常看父母的照片。

✓ 给孩子写信，请其他家人念给孩子听。

✓ 给孩子发语音。

✓ 给孩子一个娃娃，让他想父母的时候抱抱娃娃。

✓ 离开孩子几天，就画几颗心，请孩子一天涂一颗心，告诉孩子涂完这些心爸爸妈妈就回来了。

✓ 约定一个暗号手势，代表"我爱你"，视频的时候，用手势的方式连接。

父母千万不要以为孩子小，什么都不懂。其实，越小的孩子，越有天然的感知力，当父母把孩子当作一个有情感的人来对待的时候，才能真正地体会到孩子的感受。

每天 8 分钟聆听时间

我去小学门口接孩子的时候，常常观察到很多小朋友见到父母之后，都会很兴奋地描述在学校发生的"状况"："爸爸（妈妈），我今天在学校操场上看到了一只蚯蚓！"结果，家长却好像没听见一样，直接问孩子："今天的作业是什么？上课认真听讲了吗？"孩子的目光瞬间就黯淡了。

父母常常抱怨孩子"不听话"，其实父母很少听孩子的话，我们很少认真听孩子说话。然而，聆听对孩子来说太重要了。尤其是跟父母分离过的孩子,更需要聆听。

究竟什么样的状态是在真正地聆听,而不是"假装聆听"呢?

【小测试】你是否真正地聆听孩子?

父母可以自我检测一下,以下选项,如果你做到了,请打钩。

□ 每天有没有特定的聆听时间,让孩子畅所欲言?

□ 在这个聆听的时间段里,父母是否能保持不加入自己的想法?

□ 在这个聆听的时间段里,父母是否能保持回应"嗯,啊,是这样啊?"等简单的话语?

□ 在这个聆听的时间段里,父母是否能不打断孩子说话?

□ 在这个聆听的时间段里,父母是否能保证所有的注意力都放在孩子身上,不去想工作、家务等无关的事?

□ 在这个聆听的时间段里,父母是否能用身体去体会孩子的真实感受?

如果以上6个问题,你都答了"是",那么恭喜你,你已经掌握了"聆听孩子"的最重要的技巧。

如果以上 6 个问题，你有 2 个回答了"否"，那么你需要调整自己"聆听孩子"的方法和态度。

我把 **8 分钟聆听**总结成五个维度：**专注、忘我、连接、回应、感受。**

专注：在 8 分钟的时间里，父母只专注在"听孩子说"这一件事情上，不做其他事情。

忘我：在 8 分钟的时间里，父母忘掉自己的标准、要求、评判，带着欣赏的态度听孩子说任何他们想说的话。

连接：父母可以用眼睛注视着孩子，身体前倾，靠近孩子，和孩子有身体的接触，可以握着孩子的手，抚摸他的背，或做出拥抱孩子等让孩子感觉到连接的肢体动作。

回应：当孩子需要回应时，用"嗯""啊""原来是这样啊"，或者重复孩子的话来回应孩子，尽量不加入自己的判断。

感受：聆听时，通过孩子的表情、动作和身体语言等感受孩子。

如果每天父母可以跟孩子有这样 8 分钟的聆听时间，慢慢地，孩子就会将分离的创伤释放出来，更信任父母。

每天 8 分钟拥抱时间

拥抱是疗愈创伤最好的方式，特别是妈妈的拥抱。

我曾多次在疗愈家庭关系的课堂上参与学员的亲子中断创伤的疗愈。在疗愈的过程中，这些成年人仿佛又变回了当年的"孩子"，看着"妈妈"，无比渴望，但又不敢靠近妈妈。

我印象很深的一个疗愈个案，我扮演一位亲子中断的当事人的"妈妈"，她一直不敢接近我所扮演的"妈妈"。我看到她轻轻触碰"妈妈"的皮肤，却因激动和害怕而浑身颤抖……她含着泪，一边抗拒，一边渴望地触碰到了"妈妈"的手，"妈妈"的胳膊，"妈妈"的肩膀，"妈妈"的脸，终于艰难地喊出："妈妈……"

这样的成人，也是孩子，当她缓解身体的"冻结"，终于可以被妈妈抱在怀里的那一刻，我感受到她僵硬的身体开始柔软，终于举起胳膊可以抱住"妈妈"，这个看似简单的拥抱，却整整花了 40 分钟……

我抱着怀中的"孩子"，让她静静地享受"妈妈"的怀抱，她曾经如此渴望而不可得的怀抱。

我最大的感慨是，作为一个陌生人，我去扮演"妈妈"，都可以有疗愈的效果。那么，作为孩子的亲妈，对孩子的疗愈将能起到更好的效果。

有些父母曾经跟孩子有过分离，担心孩子会有创伤，父母因为愧疚而想更多地补偿孩子，但是疗愈创伤最好的方式，不是过度补偿，而是——拥抱。没有预设地，发自内心地，不带评判地去拥抱孩子。

仍然是每天 8 分钟，就可以让孩子的身体"解冻"，让他的情绪流动，让他和父母重新建立"爱的连接"。

M. 斯科特·派克在他影响了千万人的著作《少有人走的路》中写道："那些沐浴着父母之爱而成长起来的孩子，心灵可以得到健康的发展。他们也许会偶尔赌气，抱怨父母一时的忽视，然而，他们内心深处却清楚父母深爱着他们。父母的珍视让他们懂得珍视自己，懂得选择进步而不是落后，懂得追求幸福而不是自暴自弃。他们将自尊自爱作为人生的起点，这有着比黄金还要宝贵的价值。"

如果，父母不得已要跟孩子分离，我们可以用每天三个 8 分钟来解决。

8 分钟注视时间。

8 分钟聆听时间。

8 分钟拥抱时间。

这三个 8 分钟可以让孩子觉得自己在爸爸妈妈心目中比黄金还要宝贵。孩子跟父母分离的创伤是需要也可以被修复的，这个方法没有年龄的限制，大宝还是小宝都可以，甚至家里的两个孩子都可以享有同样的待遇。

相信我，没有任何一个孩子会抗拒父母真诚的拥抱，没有任何一个孩子不渴望父母真心的支持。

【作业】实践：每天 8 分钟，爱的记录表

请放下书，马上给你的孩子一个真实的，由衷的拥抱吧！发自内心地赞叹孩子，在心里告诉自己："我爱他们，只因为一件事,他们是我的孩子！"事实上，这三个爱的 8 分钟，无论孩子是否跟父母分离过，都可以使用。坚持一个月，父母就会惊喜地发现孩子的变化。

父母每天做了 8 分钟注视，8 分钟聆听，8 分钟拥抱的其中一项，请打一个 √，做了其中两项，请打两个 √，做了三项，请打三个 √。然后，每周记录自己和孩子的状态及行为的变化。

请打卡。

	1	2	3	4	5	6	7
第一周							
第二周							
第三周							
第四周							

请记录下来吧！

第一周

我的变化是_____。

孩子的变化是_____。

第二周

我的变化是_____。

孩子的变化是_____。

第三周

我的变化是_____。

孩子的变化是_____。

第四周

我的变化是_____。

孩子的变化是_____。

4.4 内疚，是与爱相反的路

如果我们走在相反的路上，是不可能获得想要的结果的。

🙂 "我不是个好妈妈？"

我的学员当中有一位三宝妈，叫慧慧，有一天我问她："养三个孩子辛苦吗？你会不会有照顾不过来的时候？"

她说："有，当然有照顾不过来的时候。有一次我抱着老三带老大去上一个课外补习班的试听课。上完课，老大说不太想报名。我就跟补习老师说'孩子还不太想学，我也送不过来，先不报了吧。'结果补习老师说'哎呀，三宝妈，忙不过来，总要放弃一个孩子的。'我当时很愤怒，就走了。过后，这句话一直萦绕在我耳边，让我无比内疚，难道我真的放弃了我的大女儿吗？"

她继续说："那段时间我特别想补偿我的大女儿，我给她报了三个课外辅导班，有两个在我们小区附近，有一个离得还挺远的，价格也很贵。报名的时候，我想我一定会坚持接送她的，绝对不会再让人认为我放弃了自己的孩子。但是坚持了没两个星期，我就撑不住了，每次都还要托人安顿另外两个孩子。越是这样，我就越内疚。开始责备自己不是一个好妈妈。"

内疚就要补偿，是很多妈妈们的心理。可是，补偿真的对孩子有帮助吗？

我拿出了一张"情绪能量指数表"，这个表格是心理学家大卫·霍金斯多年研究的成果，他分析了各类情绪的能量等级，从最负面、伤身的情绪，到最正面、滋养的情绪，他发现所有情绪里面，排最低的不是愤怒、悲伤、恐惧，而是羞愧和内疚。

慧慧看到这张表后，惊呼："啊！原来内疚的能量等级这么低啊！"

事实上，多子女家庭的父母，特别是妈妈，常常因为精力无法兼顾多个孩子而产生羞愧和内疚的感受。内疚的时候，能量状态非常低，这个时候，无论我们对孩子做出怎样的行为，孩子感受到的并不是爱，而是父母为了让自己好过一点做出的补偿。

情绪能量指数表

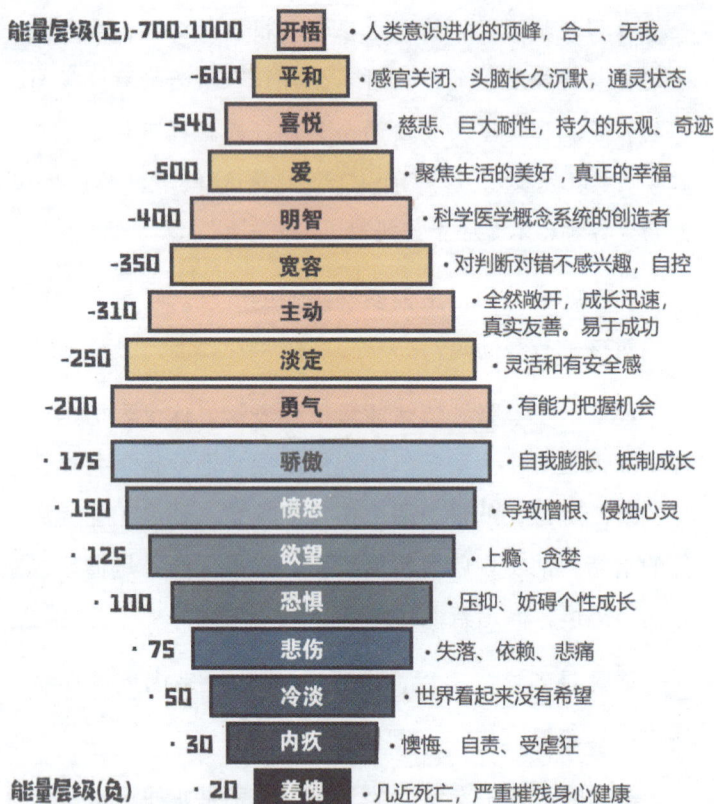

能量层级(正)-700-1000	开悟	· 人类意识进化的顶峰，合一、无我
-600	平和	· 感官关闭、头脑长久沉默，通灵状态
-540	喜悦	· 慈悲、巨大耐性，持久的乐观、奇迹
-500	爱	· 聚焦生活的美好，真正的幸福
-400	明智	· 科学医学概念系统的创造者
-350	宽容	· 对判断对错不感兴趣，自控
-310	主动	· 全然敞开，成长迅速，真实友善。易于成功
-250	淡定	· 灵活和有安全感
-200	勇气	· 有能力把握机会
· 175	骄傲	· 自我膨胀、抵制成长
· 150	愤怒	· 导致憎恨、侵蚀心灵
· 125	欲望	· 上瘾、贪婪
· 100	恐惧	· 压抑、妨碍个性成长
· 75	悲伤	· 失落、依赖、悲痛
· 50	冷淡	· 世界看起来没有希望
· 30	内疚	· 懊悔、自责、受虐狂
能量层级(负) · 20	羞愧	· 几近死亡，严重摧残身心健康

　　我常常提醒爸爸妈妈们："作为父母，让我们的行动基于对孩子的爱，而非内疚，对孩子的情感发展来说，是一件很重要的事情。"

　　我分享给大家一个走出"内疚—补偿"迷局的新方法，用"三个一"可以概括：一个提醒，一念之转，一个行动。

一个提醒：不求完美，只求尽力

"妈妈不是超人，只是普通人"，我常常用这句话提醒自己。

做了妈妈之后，我们拥有了无数个角色，每个角色都让妈妈们疲于奔命，并且什么都要做"好"，没有一刻是对自己满意的!

【测一测】你是不是什么事都想做好的"超人妈妈"？请根据自身情况打钩。

☐ 时刻平衡花在老大和老二身上的精力，希望不要顾此失彼。

☐ 照顾完孩子之后，还要做家务。

☐ 为了养育孩子，看了大部分市面上的育儿书，孩子的每个阶段都对照书来养育。

☐ 因为养育两个孩子，完全没有自己的时间。

☐ 离开家超过两个小时，就会惦记孩子，觉得孩子一定离不开自己。

☐ 不放心把孩子交给老公、老人或保姆等其他人，总是千叮咛万嘱咐。

☐ 为了孩子放弃了自己的爱好。

☐ 吃的，喝的，用的都要给孩子买最好的。

□ 一旦发脾气就会很内疚很自责，觉得是自己有问题。

□ 孩子成绩下降，会觉得是自己没有尽力，觉得自己为孩子付出得不够。

如果以上问题中，你有两个以上的回答是打"√"，那么你很可能是想做一个事事完美的"超人妈妈"。

然而，我们都是普通人啊，没有超能力，时间和精力就是那么有限，一天没有 72 小时。工作投入了，陪孩子的时间就会减少；一门心思把时间精力放在孩子身上，老公就会被忽略……可是不论哪个角色做不好，都会让我们有负疚感。于是，我们就一直纠结在"这件事没做好"和"那件事没做好"之间，就像一个魔咒一样，我们觉得失去了自我。

我发现，无论我怎样努力，都做不到完美——我生完老二坐月子，恰逢老大上小学，我整整一年都没有参加过老大学校的活动，包括家长会。老大上兴趣班，怀孕时我还能坚持接送，但生完老二，就全部变成了老公的任务。家里有了阿姨，我也没有再进厨房做过饭，有一次老大突然说："我都快忘了妈妈做的饭的味道了。"我无比惭愧。

我也努力地想成为完美妈妈，希望自己是万能的，做得一手好菜，屋子整理得整齐干净，会陪孩子玩游戏、做手工，孩子出了问题马上想到方法解决，最好还能每周去看看大自然，体验生活，情绪还要永远平稳等。当我想成为超人妈妈的时候，我常常发现自己很累，很辛苦，却事倍功半。

相反，当我承认自己只是一个平常人——平常人，总有一些事儿是做不到的。我反而放松了。

我会跟孩子说："妈妈会哭也会累，有些事做不到，但并不影响我成为你的妈妈，也不影响我爱你哦。"

有了这样放松的心态，我不再要求自己时刻保持完美状态，累了就承认自己累了，需要帮助就去寻求帮助，这样也能让孩子们感受到更真实的妈妈。

当我们总是想着做"超人妈妈"的时候，这五个小贴士可以帮到妈妈。

（1）承认自己是普通人，有些事做不到。

（2）向家人，特别是向孩子寻求帮助。

（3）袒露自己真实的情绪状态，但不要用情绪控制他人。

（4）给自己时间和空间放松。

（5）偶尔做做孩子口中的"坏妈妈"。

【微案例】做个"坏妈妈"又何妨?

有一天晚上,大儿子威威控诉我:"你这个坏妈妈,什么都不陪我干,刚才我看电视你都不陪我!看书你也不想陪我!"

事实上,我白天上了一整天的课,很累,好不容易把老二哄睡着了,正想好好休息下,老大又希望我陪他。我拖着疲惫的身躯,勉强陪他看书看电视,但我累得眼睛都睁不开了。威威发现我很敷衍,于是开始发脾气。

我干脆坦白地告诉他实话:"我今天又累又困,你看电视的时候我好不容易能休息会儿了,就闭上眼睛了,其实我心里确实不想陪你,我只想睡觉。"

威威冲我喊:"你就是个坏妈妈!根本不爱我!"

当我承认自己的真实状态后,突然就放松了,我想反正也没力气当"好妈妈"了,不如承认我是个"坏妈妈"吧。于是,我用游戏的口气说:"我就是,我就是,我就是坏妈妈!"

威威说:"我讨厌你!"

我也不生气,跟他说:"我喜欢你!"

他更大声地说:"讨厌!讨厌!讨厌!"

我就说:"喜欢!喜欢!喜欢!"

他打我一下，我就亲他脸蛋一下；打我三下，我就亲他脑门三下。我发现当我放松的时候，反而可以更加专注当下，把注意力都放在他身上。

其实，我亲他第一下的时候，我观察到他偷偷地笑了。这样玩了好几轮，他终于忍不住乐了，跟我说："妈妈你换个词儿。"

我说："好啊好啊，你快说'讨厌'，还得用刚才那个生气的表情！"

他做出狰狞的表情，吼道："讨厌你！"

我说："恭喜发财——"

我俩终于忍不住笑成一团了！

最初的内疚，早在我们的笑声中，消失不见了。

原来，不做完美妈妈，做个真实放松的"坏妈妈"，孩子轻松，我也轻松啊！

一念之转：改变思维方式，结果大不同

如果父母有了内疚的心理，随之而来的常常是补偿性的行为。

比如，有的父母出差很久，就会给孩子买一大堆零

食玩具；有的父母下班后回家很累，无心陪孩子，就会让孩子一直看电视玩游戏；有的父母把孩子从老家接回来后，会满足孩子一切要求，宠溺上天……

三宝妈慧慧因为内疚，想要做出补偿，一口气给孩子报了三个补习班。仔细想想，当我们这样做时，是出于对孩子的爱，还是想要减轻自己的内疚感？

要想搞清楚这个问题，可以用"一念之转"的方法（改编自拜伦·凯蒂的《一念之转》）来问自己这样几个问题。

（1）我这样做（为了补偿而做出的行为）真的是从孩子的角度出发的吗？

（2）那是真的吗？

（3）你能百分之百确定那是真的吗？

（4）当你百分之百确定这样做是从孩子的角度出发，你会怎么反应？

（5）当你不是百分之百确定这样做是从孩子的角度出发，你会是怎样的人呢？

（6）现在你是否确定，这样做是百分之百从孩子的角度出发的吗？

（7）如果不是，那可以做出的小而具体的改善措施是什么呢？

我用这几个"一念之转"的问题问了慧慧。

我："慧慧，你觉得给大宝报三个补习班真的是从她的角度出发的吗？"

慧慧："是啊，这些补习班都是她现在需要的。"

我：那是真的吗？

慧慧："当然啊，我肯定是为了她好啊，孩子的学习现在不抓紧，以后就跟不上了。"

我："你能百分之百确认那是真的吗？"

慧慧（愣了一下）："哎呀，你这么一问，我好像又不那么确定了。"

我："当你百分之百确定给孩子报三个补习班是从孩子的角度出发，你会怎么反应？"

慧慧："如果，我百分之百确定给孩子报三个补习班是从孩子的角度出发，绝对是为了她好的话，我会义无反顾地接送她，每次都没有怨言，心里很笃定很踏实。但是，现在好像不是这样。我常常觉得很累，需要咬牙坚持。"

我："当你不是百分之百确定给孩子报三个补习班，是从孩子的角度出发，你会是怎样的人呢？"

慧慧："哎呀，那我就会觉得自己是个很糟糕的妈妈，都被别人说放弃了自己的孩子了。啊，我好像是为了证明给别人看，我是一个好妈妈！这好像跟孩子的成长没什么关系了！"

我："现在你是否确定，给孩子报三个补习班，是百分之百从孩子的角度出发？"

慧慧："好像不是的，我这样做更多的是想要弥补自己对孩子的内疚，但好像我也很辛苦，孩子也并不开心。"

我："如果不确定，那可以做出的小而具体的改善措施是什么呢？"

．慧慧：我想跟孩子承认妈妈接送很辛苦，真的顾不过来时，脾气会有点臭，总是冲着她大呼小叫。跟孩子商量看看，她最喜欢上的，最需要上的是哪个补习班。然后，我可以跟她一起选一些好的网络课程。

说完这些，慧慧明显松了一口气。

其实引导完慧慧，我自己也得到了启发。当内疚出现的时候，这其实是一个信号，我们觉察到现在孩子可能被忽略了，这时候我们要做的，不是赶紧做点什么来补偿，赶走自己心里的内疚，而是需要停下来，好好思考，我们可以做些什么让孩子感受到我们的爱。

一个行动：专注当下，无悔选择，创造更多"小确幸"

来咨询我的多宝妈，在生活中常常会出现这样的一种情况：工作的时候，想着孩子，带孩子的时候呢，又想着工作。结果，工作也做不安心，孩子也带不省心。她们总是问我："丛丛老师，怎样才能像你这样做到家庭和事业都平衡？"

其实我也做不到时时刻刻都保持完美的平衡，我们不可能有三头六臂，也不可能每时每刻面对所有人、所有事的时候都有好的状态。生活中哪有什么完美的平衡，其实都是需要做出取舍的。

比如我在生二宝之前，怀孕期间也在全国各地飞来飞去地讲课。生完二宝之后，半年内我都在家陪二宝。二宝半岁后，我才出去讲课，但是会把他带在身边喂奶。二宝断奶后，我还是会短期出差。

我出差的时候，会非常想念孩子们，也会内疚，我会想自己是不是陪孩子们的时间太少了。但是，内疚感升起来的时候，我除了用"一念之转"思考我的动机，还会告诉自己——专注当下，做好正在做的事儿，这样才不辜负思念的时光。

拿写书这件事儿举个例子吧，作为二宝妈，要照顾孩子，还要给家长们、讲师们讲课。我要怎么安排我的时间，才能做到又完成工作，又不对孩子们产生内疚感呢？

　　我先列出了写书期间，一天当中必须要做的最重要的事儿，把事情按照重要程度排序。

　　然后，我改变了作息，不是晚睡，而是早起。白天去书店写书，还可以顺便查资料，同时关闭手机，不受干扰，最重要的是不希望浪费时间。因为只有学会专注当下，工作的时候认真工作，才能在回家见到孩子的时候，认真陪孩子，享受和他们在一起的时光。

　　当我每一个当下都做该做的事时，内疚感自动地就飘走了。我的孩子们能够感受到我的爱，我也更加珍惜和享受和孩子们在一起的每分每秒。

　　同时，我们可以创造一些美好的瞬间。

　　比如，做家务累了，我会跟老大疯狂地玩一场枕头大战！然后嘻嘻哈哈地抱成一团。

　　比如，写书累了，我就去抱着我的小婴儿，什么也不做，就是看着他干净纯洁的眼睛，在他的瞳孔里寻找我自己的身影，看着他对我笑。瞬间，怀里萌萌的小家伙就治愈了我所有的疲劳。

　　比如，我偶尔会跟老公溜出去约会，过一下难得的二人时光。

　　比如，练完瑜伽，我会四仰八叉躺在地上 20 分钟，什么也不做，什么也不想，静静地享受和自己在一起的时光。

我把这叫作生活中的"小确幸"。

在生活中，这样的瞬间越多，我们的内心就越容易感到平衡。

其实，内疚感也是一个很好的朋友，它的到来提醒我，我的生活重心可能偏离了，我离我的幸福目标越来越远了。只有我调整好新的方向，关注生命中真正值得关注的重点时，内疚感才会真正离开。

【作业】选择：我的孩子需要什么

请想一想，你的孩子需要你满足什么样的情感需求？想清楚这个问题不太容易，你可以借助下面的提示词来完成。

问自己这个问题："我的孩子需要我_____。"请在现阶段你认为你所需要满足的孩子的情感需求上画圈。或者将你能想到的其他情感需求，写在横线上_____。

信任	责任	变通
有趣	精力	放手
充满活力	进取心	理解
正能量	认真	关注
可靠	讲道理	全心全意
陪伴	真诚	不放弃
乐观	幽默	有创意
灵活	奉献	完美
耐心	仔细	不犯错
忠诚	周到	有规则
同理心	果断	
支持	合作	
鼓励	说到做到	

其他_____。

请检查一下你画圈的需求，选择两个，你认为现阶段孩子最需要的：

我的老大需要我_____，_____；

我的老二需要我_____，_____。

这个问题的梳理也可以跟自己的伴侣及大一点的孩子一起完成。

思考题：接下来的一周，如果把注意力集中在这两个"孩子最需要的情感需求"上，难不难？你可以做出怎样小而具体的行动来改善呢？

_____

第 5 章

分担，是家人真诚的愿望

5.1 照顾好自己情绪的"红绿灯法则"

妈妈的好情绪就是一个家的好风水。

😊 "我快崩溃了!"

大年初五的晚上,我收到一位学员妈妈给我发来的微信:"丛丛老师,我快崩溃了!我今天扇了自己好几个大耳光!"

我赶紧回复她:"发生了什么事?"

微信里传来这位妈妈带着抽泣声的语音,我从她断断续续的回复里知道了事情的缘由。

原来春节放假了,孩子们不用上学了,都在家黏着妈妈。妈妈从早上睁开眼到晚上闭上眼,一直围着两个孩子转。

这天晚上,妈妈想让大儿子按计划写完作业,小女儿却不停地往妈妈身上爬。儿子的注意力被女儿吸引,也不好好写作业了。妈妈一开始还有耐心好好辅导,到后面开始朝大儿子吼叫:"你听懂了没有?听懂了没有!"儿子在妈妈的吼叫声中哭了,妈妈更抓狂,开始怒吼:"是妈妈没用,这么简单的题都教不会你!"这个时候,妈妈因为长期的焦虑,失去了理智,扇了自己好几个耳光!两个孩子吓得哇哇大哭,妈妈也跟着他们一起哭。

妈妈给我发信息时,孩子们已经睡着了,她自己也冷静了下来，可是却充满了自责和内疚。

　　我真想隔空抱抱这位崩溃的妈妈。在养两个孩子的过程中，我也有过这样崩溃的时刻。有一次，我和大儿子在朋友家玩，突然收到了孩子外公去世的消息，我赶紧带儿子回家，他却又踢又打不想回家。当时，我又伤心难过，又烦躁不安，于是冲儿子怒吼：“你给我闭嘴！”然后强行把他抱上车。上车后，我崩溃大哭，儿子吓得大气也不敢出。过后，我也跟这位妈妈一样，对自己的失控行为感到很自责，它给孩子造成了负面影响。

　　在这里，我跟大家分享一个非常有效的管理自己情绪的“红绿灯法”。（管理自己情绪的“红绿灯法”跟管理孩子情绪的“红绿灯法”并不相同，具体请参考《不急不吼 轻松养出好孩子》一书）

　　对于自己的情绪的管理，我们可以在身体里给自己“安装”三盏灯。

绿灯**畅通**，代表情绪状态良好。

黄灯**警告**，代表有负面情绪了。

红灯**暂停**，代表彻底失控了。

当情绪失控时，要先按下红灯暂停键，再识别黄灯警告，然后通过情绪的疏导来保证绿灯的畅通。

红灯：失控时刻及时按下暂停键

在我的家长课堂上，我会把情绪失控时的状态形象地比喻成"掀翻大脑盖子"。

脑神经学博士丹尼尔·西格尔将人类的大脑分为外层大脑（前额叶皮层），我们称之为"理智脑"；中层大脑（中脑），我们称之为"情绪脑"。情绪的产生不被理智脑控制，情绪失控了，就是"红灯"亮起来了，这个时候父母需要拉响警报，及时按下暂停键。

父母可以在家里找一个能让自己冷静下来的地方，这叫"积极暂停角"。

父母可以用下面三个步骤让孩子理解"积极暂停角"

的建立和使用。

第一步，解释。

"妈妈（爸爸）会在家里给自己找到一个感觉好的地方，这个地方就在（自己选好的地方）。下一次，妈妈（爸爸）如果发脾气，就会选择到这个地方冷静一下。"（建立孩子的安全感，妈妈去暂停角，不是不管孩子，而是处理自己的情绪）

第二步，起名字。

"妈妈（爸爸）给自己的暂停角起的名字叫_____（自己起的名字）。"（建立孩子的好奇心和父母自己的归属感）

第三步，使用。

"妈妈（爸爸）现在真的控制不了自己的情绪了，我现在很生气，我要去我的暂停角待一会儿。这不是你的错。等我感觉好了，我会回来。"（父母离开并不是抛弃孩子）

有了"积极暂停角"，父母就可以在这个暂时隔离的时间和空间里，逐渐地恢复理智和冷静。

我在各类讲座和课程中，问过数万名家长这样一个问题："请问你见过大脑盖子从未掀翻过的人吗？"

没有一个人说见过，还有人开玩笑说，如果有，那也只能是佛陀。

其实，父母的学习并不是为了让自己变成像佛陀一样的圣人。学习的目的是让我们做到不被情绪所控制，让我们不会因为情绪失控而做出让自己后悔和伤害孩子的事情。学习是让父母学会更快地觉察情绪，做出积极的暂停和调整。

其实，每一位家长经过学习，都可以做到对自己"掀翻大脑盖子"的失控状态有意识。自己心里先亮起这盏"红灯"。

培养自己的"红灯意识"也会经历下面三个阶段。

第一个阶段，事后补救。最开始的时候，父母可能已经做出了伤害孩子的行为，说出了伤害孩子的话，直到几天之后，才意识到当时自己失控了。这时，父母要做的是勇敢地面对，事后跟孩子说"对不起"。

第二个阶段，及时发现。再过一段时间，父母可能可以做到正在失控时，就对自己的状态有意识，"红灯"亮起，及时按下暂停键，告诉孩子："妈妈（爸爸）现在控制不了自己了，我去冷静角待一会儿。"

第三个阶段，提前预警。再过一段时间，可能在即将失控的时候，父母就能对自己的状态有意识，可以告诉孩子："妈妈觉得再过一会儿，我就要控制不了自己了，我得先去干点别的，冷静冷静。"

有的时候，我们也可以请孩子监督，孩子会提醒父母，什么时候"红灯亮了"。

做父母是一场长期的修炼，保持觉察比保持完美更重要。当自己有所改变的时候，也应该及时看到自己的进步。

黄灯：识别身体和情绪的警报系统

很多时候，父母发脾气，并不是因为发生的这一件事，而是因为积压了太多的负面情绪。有时看似很小的一件事，却能引发激烈的反应，因为那是压倒骆驼的最后一根稻草。旁人会感叹"这么一点小事儿也值得发这么大火吗？"事实上，炸弹的内部能量已经积累到一点就着，这件小事不过是引爆炸弹的导火索罢了。

开篇故事中扇自己耳光的妈妈也是这样。我问她最近是不是很累，压力很大？这位妈妈告诉我："丛丛老师，我压力特别大，3 月份有一个很重要的考试，我非常希望能够在春节的时候看看书。我有点埋怨我爸妈一天到晚都在打麻将，老公总应酬，也不帮我。"

其实，这位妈妈特别需要家人的帮助。如果妈妈能对自己的负面情绪有意识，那么就不会通过这样激烈的方式来表达了。很多时候，自己明明已经很累了，却还在坚持——就好像一根橡皮筋，每天都绷得很紧，总有一天会达到极限，"啪"的一下断裂。

当身体给我们发出"黄灯"警报时，我们要学会识别身体的反应和内在的情绪。

下面我分享给大家一个简单好用的"全身扫描法"，可以帮助我们识别身体的反应和内心的感受。

它分为下面这四个步骤：**安坐、扫描、对应、描述**。

第一步，安坐。

顾名思义，安坐即是找一个安静的地方，坐下来。这个地方最好是没有人打扰的，可以让我们好好地跟自己待在一起。如果家里建立了积极暂停角，暂停角就是一个很好的选择。如果没有暂停角，那么，每天睡觉前，躺在床上花 10 分钟来做这个练习，也是非常有帮助的。

安坐时不需要盘腿或打坐，可以用舒服的姿势坐在有椅背的椅子上，注意让自己的双脚踏实地踩在地板上，后背最好有椅背或垫子支撑，尽量不要悬空，目的是让自己放松。

如果躺在床上，则需要全身平躺，使整个背部得到踏实的支撑。

第二步，扫描。

坐好或者躺好以后，想象自己是一个扫描仪，开始从头到脚地观察自己的身体。重点观察身体的感受：热、胀、冷、麻？还是没有感觉。

忙碌的生活，容易让我们像个机器一样自动运转，跟自己的身体感觉失去联系。识别身体的感觉，不仅可以帮助我们尽早觉察自己的状态，甚至对身体的疾病也能提前有所觉察。同时，负面情绪袭来的时候，通常都会伴随着身体的一些反应，识别了身体的感觉就更容易识别情绪了。

第三步，对应。

我们知道了自己的身体感受后，就能找到与之对应的情绪。

接下来，请练习下面的填空题。

"我的身体感觉是＿＿＿＿＿＿，可能对应的情绪是＿＿＿＿＿。"

身体的感觉往往是热、胀、冷、麻、硬、软、疼、酸、紧……

情绪感受往往是这些形容词：难过、伤心、愤怒、痛苦、害怕、紧张、担心……

比如，我的身体感觉是胸口很热，像一团火在燃烧，可能对应的情绪是愤怒，行为是很想冲出去打别人一顿。

负面情绪
愤怒 悲伤 无奈 不安
恐惧 自卑 恼火 绝望
痛苦 孤单 害怕 嫉妒
难过 不满 生气 无助
委屈 后悔 纠结 懊恼
焦虑 压抑 郁闷 失落
愧疚 烦躁 着急 崩溃

正面情绪
平静 高兴 舒服 美好
舒畅 轻松 有趣 快乐
幸福 满意 和平 甜蜜
愉快 自然 放松 自由
温柔 温暖 自在 安全
自豪 美好 满足 开心
兴奋 自信 平和 踏实

我的身体感觉是嗓子很憋很堵，像被卡住了一样，可能对应的情绪是悲伤，行为是很想说些什么却说不出来。

我的身体感觉是胃部在收缩和疼痛，可能对应的情绪是紧张，行为是很想不停地吃，或者根本吃不下任何东西。

识别身体的反应，能帮助我们找到对应的情绪。而情绪像小孩子一样，需要关注。当情绪被关注了，反而会很快离开。

第四步，描述。

当我们觉察到自己的身体感受和负面情绪后，最好的方法是把它说出来。

"我的感觉是＿＿＿＿＿＿＿＿＿＿。"（自己的身体感受，情绪感受），说出自己真实的感受，是拉响我们自己的"黄灯警报"，让别人理解自己。

那位崩溃的妈妈，其实是想跟父母说："爸妈，我最近自己带两个孩子，感觉特别累，我感觉<u>肩膀很沉</u>（身体感受），<u>压力很大</u>，<u>感觉很无力</u>（情绪感受）。"

面对孩子，妈妈可以这样跟大宝说："儿子，妈妈<u>感觉到自己胸口有一团火，越烧越旺</u>（身体感受），我觉得我快要控制不住自己的<u>愤怒情绪了</u>（情绪感受）。"

如果父母能提前拉响自己的"黄灯警报"，就可以避免因为负面情绪积压，达到警戒线而突然爆发带来的崩溃。

绿灯：花时间照顾自己，让爱畅通无阻

早上醒来，如果头一天休息得很好，我们会感觉精力充沛，能量满满，就像装满了正能量的瓶子，这个时候，我们是"绿灯状态"。

很多妈妈感慨，有了二宝后，自己每天所有的时间、精力都是围着孩子们转，再也没有时间做自己喜欢的事儿了。如果还要工作，要做到事业和家庭的平衡，更是难上加难。

我们每个人在生活中，都有很多要做的事及要照顾的人。当我们花时间和精力照顾孩子和家人，或者做必须做的工作时，就像把自己瓶子里的正能量倒进一个个杯子。常常一天结束，我们陪孩子睡觉时，自己却先睡着了，因为筋疲力尽，我们的能量瓶早就空了。

生活真的只能这样了吗？如果我们的能量瓶空了，那么，怎么给予孩子，给予家庭更多的爱呢？似乎都不可能了！因为，不是我不想，而是我自己没有更多的爱和精力可以给予了。

如果妈妈的能量瓶经常被消耗空，那么会很容易出现需要按下暂停键的"红灯"状态，以及需要拉响警报系统的"黄灯"状态。妈妈只有花时间照顾好自己，让

自己的感觉好起来，才能出现更多的"绿灯"状态，让
自己可以更胜任妈妈这份工作。

如何斟满自己的能量瓶，让自己保持更多的"绿灯"
状态呢？

✈ 【小测试】你会照顾好自己吗？

（1）当你付出了大量的时间、精力、爱和正能
量去照顾家人和孩子时，你有没有及时地补充自己
的正能量呢？

A. 经常有　　　　B. 偶尔有

C. 没时间　　　　D. 没心情

E. 没想过

（2）在你的生活中，除了家人以外，还有什么
人可以给你正能量？

A. 没有

B. 有

请把这些人的名字写在下面的横线上。

_____

_____

（3）在生活中，有什么事儿可以给你正能量？

A. 没有

B. 有

请把这些事儿写在下面的横线上。

_____

_____

（4）在生活中，有什么话可以给你正能量？

A. 没有

B. 有

请把这些话写在下面的横线上。

_____

_____

（5）全部写完之后，我们可以一起看看写在这些横线上的，能给你正能量的人、事和话。闭上眼睛，想象这些人就在你的身边，你正在做这些事儿。同时，当你在情绪的低谷时，脑袋里想象那些正能量的话。这时候，你会是什么样的感受呢？

_____

_____

（6）你觉得你是在感觉好的时候，更胜任妈妈这个角色，还是感觉糟的时候？请打钩。

☐ 感觉好的时候

☐ 感觉糟的时候

我想最后这个问题毫无疑问，一定是感觉好的时候，我们更能做好妈妈这项工作。

所以，多子女的父母们，记得每天都要留给自己一些特别的时间哦，用来照顾好自己。

哪怕只有 10 分钟，找一件能给自己带来正能量的事儿，如看书、听音乐等，甚至是抬头看看云，只要是让自己放松、愉悦的事儿，都可以。把这些能给自己带来正能量的事情，**固定时间，固定频率，固定一个自己喜欢的名字，作为照顾好自己，斟满自己爱的杯子的"爱自己时光"。**

同时，从这一刻起，拍拍自己的肩膀，告诉自己："我已经是一个足够好的妈妈，我会先照顾好自己，再来照顾好我的孩子。"

【作业】实践：建立自己的"爱之角"

A. 妈妈的积极暂停角在洗手间，她起的名字叫"清凉游"；

B. 妈妈的积极暂停角在卧室的飘窗，她起的名字叫"一帘幽梦"；

C. 妈妈的积极暂停角在阳台，她种了很多美丽的多肉植物，她的暂停角的名字叫"肉肉小屋"。

我的积极暂停角在卧室的摇椅，我起的名字是"月亮船"。

你的积极暂停角在哪里呢？＿＿＿＿＿＿＿。

你会给它起一个什么样的名字呢？＿＿＿＿＿。

把你的积极暂停角分享给家人和孩子吧，当你需要积极暂停的时候，也需要得到他们的支持。

欢迎关注微信公众号"妈妈点赞"，回复关键字"暂停角"，可以看到更多妈妈的"积极暂停角"的照片哦。

5.2 改变三个手势，轻松调动爸爸参与育儿

很多妈妈了解爸爸参与育儿的好处，但却不了解爸爸不参与育儿的原因，而原因很可能是在妈妈自己身上。

😊 妈妈们的集体大吐槽

一次家长课上，一位妈妈抱怨自己的老公，结果引发了妈妈们的集体大吐槽。

A 妈妈说："我带了一天的孩子，晚上陪老大写作业，刚把老二交到老公手里 1 分钟，就 1 分钟！就听到孩子哇哇大哭，原来是老公把孩子放在一边，自己在玩手机。我真想喊他猪队友！"

B 妈妈说："我家老公啊，带老大去画画，第一个星期忘记把孩子的外套带回来，第二个星期忘记把水杯带回来，第三个星期忘记把画带回来了，下个星期都不知道他会不会忘记把孩子带回来！"

C 妈妈说："有一次我好不容易把两个打架的孩子安抚好了，老公冲过来一声吼：再抢玩具我揍你们！孩子们吓得浑身发抖，我被气得浑身发抖！我专门去学习如何养好两个孩子，付出了那么多时间、精力，他居然说我的方法不如他吼一声有用！"

D 妈妈说："老公能在家就不错了，我家就是丧偶式育儿，老公常年出差不说，回到家哪个孩子他都不管，说不会管。我权当自己没这个老公……"

听说我在写书，妈妈们赶紧告诉我："丛丛老师，快在书里写一些让老公觉得参与育儿很重要的内容吧，我买回来念给他听！"

事实上，爸爸们也有一肚子的苦水要倒。

A 爸爸说："我也想陪孩子啊，我一陪，孩子妈就嫌我这做不好，那做不好。"

D 爸爸说："孩子他妈天天叨叨她是丧偶式育儿，说得好像我真的死了一样！"

让爸爸参与育儿真的这么难吗？究竟有什么好办法可以让爸爸多带娃呢？其实，我们只需要改变三个手势，就可以轻松调动爸爸参与育儿的热情。

改变一：把手指向外，变成手掌向内——停止抱怨，表达需求。

改变二：把拇指向下，变成拇指向上——停止差评，鼓励进步。

改变三：把握紧拳头，变成放开双手——妈妈放手，爸爸参与。

表达需求：从手指向外到手掌向内

手指向外   停止抱怨
抱怨指责   表达需求

　　面对老公，我曾经也经常抱怨。比如，孩子流鼻涕了，不一定是老公的错，可是我的惯性思维就是——"都怪你！因为你给他脱了一件衣服，他才流鼻涕的！"事实上，当我抱怨和指责老公的时候，我是在缓解自己的焦虑和自责！

　　"抱怨"不用学习，脱口而出。"抱怨"和"指责"的话往往是手指向外，指向对方的"你"句式。

　　手指向外的"你"句式：

> 你怎么……
>
> 你从来……
>
> 我跟你说了多少次了……
>
> 都是因为你，才……

　　当我们使用"你句式"时，往往觉得自己说得特别有道理，然而，很多妈妈只有在角色扮演时，才能体会自己老公的感受。

课堂上，我邀请一位妈妈 Lulu 演自己的老公，我来扮演 Lulu。我把她平时说老公的话原封不动地说了出来——

"你怎么又玩手机啊，不能好好看着老大写作业吗！"

"你从来都不管孩子，两个孩子我都得管，我一点自己的时间都没有了！"

"我都跟你说了多少次了，喂孩子喝奶前得滴一滴到自己手背上试试温度，你怎么就是记不住呢？"

"都是因为你，一回家就开电视，玩手机，老大现在一拿起手机就放不下来！"

听到这一连串的攻击，Lulu 愣住了。她说："原来做老公也不容易啊，当'我'听到老婆不停地指出我的各种育儿问题时，'我'要崩溃了！'我'什么都是错的，老婆说的就是真理吗？！"

角色扮演结束后，Lulu 第一次理解了老公，她叹了口气："这下我可算明白了，为啥我给老公转一些'爸爸陪伴很重要'的文章，甚至把育儿书放他面前，他都不看，他并不是排斥看书，而是讨厌我用一套所谓正确的方法，不停地指责他，想要改变他！"

其实只要改变一个手势，把手指向外，变成手掌向内，就可以把抱怨、指责，变成真诚的"请求"——老公，我需要你。

一切就不一样了。

手掌向内的"我句式"：

> 我感觉……（真实感受）
>
> 是因为……（列举事实）
>
> 我希望……（请求合理的帮助）
>
> 我谢谢……（具体而真诚地致谢）

真诚的请求非常有力量，能帮助我们得到老公真心的帮助。

🚀 【微案例】老公陪我上催眠分娩

怀老二的时候，我特别希望老公能跟我一起上一个"催眠分娩"的课程。可是老公却说："我没有时间啊！再说，是你去生孩子，又不是我，我为啥要去上分娩课？"

一开始，我又启动了**抱怨**模式："我都经历孕期这么多痛苦了，生孩子那么痛，让你陪我去上个课，你都不愿意，你根本不爱我！"然而，这样并没有获得老公的支持！

直到，我真心发出**请求**："老公，我很需要你陪我去上催眠分娩的课，这个课，老师说是需要夫妻一起上的。（列举事实）上次生大宝时，我一个人在待产室痛了一天，又**害怕**又**孤单**。你陪我学习我会感觉特别**踏实**，很有**安全感**。（表达真实感受）这次我特别需要你的支持。我按照你方便的时间安排课程，请你跟我一起去好吗？"（请求合理的帮助）

这一次，老公没有拒绝，他陪我去上了"分娩课"！不仅如此，还深度参与，积极体验了一把"分娩预演"。

课程结束后，他感慨道："生孩子不是妈妈一个人的事儿，宝宝也在努力呢！这是我们全家人的事儿，我也好重要。"

我发自内心地感谢他："谢谢老公，你的陪伴让我真正获得了力量和支持。"（具体而真诚的感谢）

总是抱怨老公的宝妈 Lulu 也使用了新方法。晚上，Lulu 有一个工作邮件要发，可是小宝还没有睡觉，她换了种方式跟老公沟通："老公，我感觉有些焦虑和着急，还有些担心。（表达真实感受）因为我有个重要的工作邮件还没发出去，领导在线等着呢，甜甜还没睡着，我抱着她没有办法打字。（列举事实）我希望你能帮忙抱她一会儿，或者跟她玩一会儿，我半个小时就能发完邮件，然后来哄她睡觉。可以吗？（请求合理的帮助）"

这一次，很意外，Lulu 老公很痛快地答应了，一个人带着两个孩子在卧室玩了半个小时，不仅没有打扰 Lulu 工作，屋子里还时不时地传出三个人欢乐的笑声！Lulu 发完邮件，真诚地感谢老公："老公，还好有你在，帮了我大忙，谢谢你哦。"（真诚的感谢）

Lulu 老公得意地说："看，他们跟我玩得多好！"

事实上，只要妈妈们能把手指向外的"你句式"变成手掌向内的"我句式"，向老公真诚地发出请求，爸爸们通常是很愿意为老婆分担的，他们带起娃来，也特别有成就感。

肯定进步：从拇指向下到拇指向上

拇指向下　　　拇指向上
差评师　　　　优评师

很多时候，爸爸们无法投入带娃，其实是被妈妈们吓回去的。爸爸们反映："不是我不想做，是我不会做，是我怕我做得不好。"——爸爸好不容易做了一点点，又被妈妈数落做得不够好，那他还不如玩手机。

带孩子这件事儿，男人也会"自暴自弃"呢！

他需要的是"**看见我的小进步**"——开始做，比做得好更重要！

【小测试】你是老公的"差评师"还是"优评师"？请在你平时常对老公说的话后打钩。

拇指向下的"差评师"	拇指向上的"优评师"
☐ 老公，你带孩子出门又不给他们带水杯！怎么老记不住呢？孩子不能让你带出门了。 ☐ 哎呀，冲奶粉必须用温水，先倒水，再倒奶粉才对。算了，还是我自己来吧。怎么教也做不好。 ☐ 你不能帮忙就别添乱	☐ 老公，还好有你在，帮了我很大的忙 ☐ 老公，只有你带孩子玩，才能想到这么多创意啊！ ☐ 老公，我看到你虽然没带水杯出门，但是孩子们玩得很开心，你也记得给他们买水喝了

如果你跟老公互动采用的更多的是左边的方式，那么你可能习惯了做老公的"差评师"，如果采用的更多的是右边的方式，那么恭喜你，你是老公的"优评师"，老公一定会很乐意参与到育儿的过程中。

想要老公更多地参与育儿，妈妈们就要学会：把拇指向下，变成拇指向上——停止差评，鼓励进步。

鼓励老公的小妙招有以下三点。

（1）看见老公的努力，并说出来。

妈妈们可以使用"我看见……"的句式，说出爸爸们参与育儿的细节。

比如，"老公，我看见你今天一回家就直接抱小宝了。"

"老公，我看见你陪老大写了 20 分钟作业。"

"老公，我看见你陪女儿玩的时候，你们笑得特别开心。"

（2）鼓励老公的小进步。

很多时候，爸爸在细节方面做得确实不如妈妈，但是，只要妈妈每次帮助爸爸看到自己的小进步，他们可以进步得非常快。

比如："老公，上一次你带姐姐去上兴趣班的时候，忘了带外套，但这一次没有忘记呢。"

"老公，之前你只能跟弟弟玩 10 分钟，这次你跟他玩了半个小时，都没看手机呢。"

"老公，我看到你又发明了新玩法，孩子们最喜欢爸爸的创意了。"

（3）再糟糕的情况也有值得鼓励的地方。

有的时候，妈妈们会觉得，自己的老公根本不参与啊，或者参与的时候做得一团糟，哪有什么值得鼓励的地方啊。其实爸爸参与育儿的时候，做不好，他们自己也是很沮丧的。这时候，就需要妈妈有一双发现优点的眼睛。

比如："老公，我看到你一直在尝试跟孩子们更亲近一些。"

"老公，你出差的时候，都还记得给孩子们打电话，说明你一直惦记着我们。"

"老公，我看到你已经尽力在帮我分担了，虽然可能做得还不够好，但是我能感觉到你的心是在家里的。"

【微案例】繁忙老爸参与育儿

Linda 的老公是一位上市公司的老总。平时几乎没有时间跟自己五岁的双胞胎儿子一起玩。

可是 Linda 却总能发现老公跟孩子们相处时的"小进步"。比如，老公第一次给儿子们讲了一本绘本。Linda 会跟老公说："老公，我看见你今天完整地给儿子们讲了一本绘本呢！"

老公陪儿子们玩了五分钟游戏，Linda 会跟老公说："老公，我看见你今天跟儿子们玩了陀螺，你看儿子们多享受。"

而 Linda 的老公也从完全不会陪孩子，到渐渐地发现陪孩子们玩的乐趣。现在即使再忙，他也会专门空出时间跟两个儿子一起玩。

为什么妈妈会对爸爸有很高的要求呢？那是因为妈妈总希望爸爸像自己那样照顾孩子。

在鼓励爸爸更多地参与育儿的过程中，妈妈需要注意的是，不能用妈妈自己的标准要求爸爸。

因为，"爸爸永远不是妈妈"，爸爸和妈妈的能量是不同的。

母亲的能量是——"**爱、连接、温暖**"，因此妈妈能给孩子的最好的礼物是**陪伴和呵护，理解和支持**。

父亲的能量是——"**独立、勇敢、坚强、冒险精神**"，因此爸爸能给孩子的最好的礼物是**玩耍和冒险，勇气和力量**。

孩子的性别认同，也是从爸爸妈妈不同的能量和相处模式中逐渐形成的。

如果妈妈总是想把爸爸培养得跟妈妈一样细心周到：出门记得给孩子带水壶，随时添加衣服，事无巨细，嘘寒问暖。那不过是让孩子多一个妈啊！

很多妈妈上完课，鼓励爸爸们从他们擅长的陪玩开始，更多地参与育儿。爸爸带着孩子们玩真人版"植物大战僵尸"，爸爸扮演"僵尸"，孩子们扮演"植物"，爸爸和孩子还会发明许多僵尸和植物的特殊技能，多有趣啊！

妈妈们发现原来孩子们跟爸爸在一起时，有那么多不一样的体会！

跟爸爸在一起——

可以疯狂玩耍！

可以"打架"！

可以吵闹！

可以冒险！

可以偷懒！

可以跟妈妈不一样！

爸爸真好玩啊！

其实，爸爸们是很需要鼓励的，因为育儿不是一件他们天生就擅长的事情。爸爸们得到的正向鼓励越多，参与育儿的积极性就会越高，发挥爸爸特性的时刻也就越多。所以，妈妈们，把拇指向下，变成拇指向上吧，多多为爸爸们点赞！

鼓励参与：从握紧拳头到主动放手

有很多时候，爸爸没有办法参与育儿，是因为妈妈把所有事情都包揽了，爸爸没有机会参与。

一次课堂上，来了一对夫妻，他们有两个孩子，哥哥四岁，妹妹一岁半。

在课堂练习当中，我邀请每位家长找一个时间段，比如"从晚上回到家到睡觉前"，把这个时间段里要做的事情列出来。

列出来后才发现，妈妈一晚上要做 20 多件事儿！连喘口气的时间都没有。

坐在一旁的爸爸偷偷瞄了一眼老婆的清单，不好意思地说："我咋觉得我回家啥事儿都没有呢，原来你把所有的事儿都做完了啊。我一共就列了三项……"

这位爸爸感慨，如果不是看到这个清单，还真不知道自己老婆有这么忙，而自己在家好像插不上手。

妈妈却说："不是我不放手，是我不放心啊！"

妈妈要学会**把握紧拳头，变成放开双手**，只有妈妈

放手，爸爸才能参与进来啊。

真正放手后会怎样呢？

📣 **【微案例】老公独立带俩娃**

我老公在老大两岁之前，几乎没有过单独跟孩子在一起超过20分钟。老二出生后，他陪老大没有问题，但是到了晚上，老二就只找妈妈，不要爸爸。

然而，在老大七岁，老二一岁半的时候，我要出差讲课，老公需要一个人在家带两个孩子整整三天！

我刚离开，心里就揣着100万个不放心！特别是对老二，他晚上从来没有离开过我睡觉，而且我在家时，他完全不让爸爸抱。

我很担心："娃吃好了吗？睡好了吗？睡着了没？有没有给他盖好被子？娃有没有哭闹？爸爸有没有训他？"

我恨不得半个小时给家里打一次电话！

晚上，我问老公："孩子们睡得顺利吗？"

老公说："挺顺利的啊。哥哥不用我管，自己就睡了，弟弟找了你一会儿，哭了一小会儿，在我的可控范围之内。弟弟知道我没办法那么精心地带他，也不能一直抱着他、哄他，所以他就给了我一个简单版的任务，直接指着想吃的东西让我递给他，他吃完之后就上床自己睡了。"

我的天呐！

这太不可思议了！两个娃跟着妈妈时，睡觉前还要缠着妈妈讲故事，跟着爸爸就这么顺利地睡啦？

这可是从来没有单独哄睡过两个娃的男人啊！

妈妈不放手，真不知道爸爸的能量有多大。

那为什么爸爸不能像妈妈那样主动参与育儿呢？那是因为爸爸和妈妈的激素不同。

妈妈生产后体内会产生一种天然激素——"催产素"，这种激素被称之为"爱的激素"。催产素让妈妈不需要逐项检查宝宝的哭是"饿了？渴了？尿了？拉了？困了？"就能直接凭感觉做出准确判断。可是爸爸不行，爸爸必须像扫雷一样逐一排查，才能知道孩子哭闹的原因。爸爸可能会在孩子刚生下来时候"一点感觉都没有"！因为孩子没有从他的肚子里生出来。

所以爸爸不会像妈妈那样天然地主动参与育儿，妈妈可以邀请爸爸一起看看下面的"爸爸参与育儿时间表"，帮助爸爸了解在孩子的不同阶段，爸爸可以用的参与育儿的方式。

【对照】爸爸参与育儿时间表

育儿时期	宝宝状态	爸爸可以这样做
孕期	宝宝孕育在妈妈体内,妈妈天然和宝宝有最亲密和敏感的感知,爸爸感受不到	此时妈妈要做的是分享这份喜悦,而爸爸要做的是耐心倾听。 孕育二宝时,爸爸可以更多地照顾大宝,让妈妈多休息
哺乳期	从宝宝降生脐带断掉的那一刻,因为妈妈分泌的催产素,让宝宝和妈妈有了天然的联系	此时妈妈要做的是主动指导和保持耐心,而爸爸要做的是积极参与和对妈妈的理解体谅。 妈妈多照顾刚出生的小宝,而爸爸可以主要负责大宝的学习
两周岁前	宝宝在这个阶段正处于建立安全感的时期(表现为晚上只需要妈妈)	所以,这个阶段爸爸需要有质量地陪伴宝宝,和宝宝在相对固定的时间段一起玩耍,用宝宝喜欢、爸爸不反对的方式互动,这样宝宝会对爸爸有更多的期待。 爸爸可以多带两个孩子一起玩,通过游戏培养孩子的手足之情
两周岁后	宝宝在这个阶段渐渐形成相对独立的人格,有了思考能力,爸爸们的机会就来啦	爸爸可以跟二宝更多地进行互动,也可以带两个孩子更多地去户外运动。 来一场"爸爸去哪儿"的短途旅行也不错哦

爸爸参与家庭生活,多陪伴孩子的好处,不胜枚举。在多子女家庭当中,我们不仅仅是多养了一个孩子,更是多承担了一份责任,如果爸爸不能参与其中,这份责任全部扛在妈妈身上,是会把妈妈压垮的。然而,妈妈

自己却常常是推开爸爸的那个人。

妈妈要改变三个手势：把手指向外，变成手掌向内，多表达请求；把拇指向下，变成拇指向上，多给爸爸点赞；把握紧拳头，变成放开双手，多给爸爸机会。这样妈妈就可以知道，老公到底是"猪队友"还是"神搭档"了。

> **【作业】选择：请老公支持的四种做法**
>
> 二宝妈＿＿＿＿＿。（请填上您的名字）假设下周末，您想要参加两天的"多子女养育"家长工作坊，希望能够得到老公的支持，请他单独照看两个孩子两天。您会怎么做？
>
> A. 算了吧，老公肯定不同意，还是放弃这次机会吧。
>
> B. 老公指望不上了，平时一个都带不好呢，别说看两个了。我再想想其他办法，不行就放到外婆家待两天，或者请老人来住两天。
>
> C. 问问老师，能不能把孩子带到课堂上，谁带我都不放心。

D. 真诚地跟老公商量："老公，我特别想参加下周末的'多子女养育'家长工作坊，这个课程能够让我学到很多养育两个孩子的方法。但我有点焦虑和担心，因为上课不能带孩子，连续两天，孩子不知道该怎么安排。同时，我也挺期待的，咱们小区的多米妈妈说这个课程帮了她很多，现在她带两个孩子轻松多了。我希望能得到你的支持，可以请你帮忙带两个宝宝两天吗？"

答案反馈如下。

① 答案 A：放弃自己想要的并不能给您带来内心的平静，那么你可能需要更多地学会表达自己的需求。养孩子并不意味着无限的牺牲，可以试着寻求更多帮助。

② 答案 B：您可能习惯了做老公的"差评师"，这样可能会让老公对带孩子越来越失去信心，参与度越来越低。您可能需要更多地看到老公的"小进步"，多做"优评师"。

③ 答案 C：您可能习惯了什么事都自己做，大小事都不放手，这样带孩子会有点辛苦，但也可能自得其乐。试试看，给自己放个假，出去喝个咖啡，把孩子们直接扔给老公一个小时，会发生什么？

④ 答案 D：您的学习能力很强，也愿意改变，尝试使用新方法并不容易，这意味着您开始向内看了，把手掌向内。也许一次一点尝试，一次一点变化。您会欣喜地看到，因为自己的改变，老公也变了。

5.3 全家分工，共同承担养育责任的三个法宝

我们不要用最悲观的态度去揣测最亲近的人，而要用最积极的状态去影响最爱的人。

● 生个二宝，谁来带

Vivian 怀二胎的时候，最担心的一个问题——没人带孩子。

一方面两边的老人身体都不太好，另一方面，老人来家带大宝的时候，Vivian 跟两边的老人相处都不太愉快。

孩子外婆一天到晚惯着孩子，玩具一买一大堆，吃饭也要追着喂，整天被孩子骑在头上，却总是乐呵呵地继续宠。

孩子奶奶呢，更是难以相处了，生活习惯都不一样，不仅管着孩子还管着Vivian。关键是一跟孩子奶奶住，老公就变成了一个小孩子，什么家务也不做了。

请保姆吧，听说同事生了二胎，半年之内换了30多个保姆，想想都觉得闹心。

Vivian问我："难道生了二胎，我真的只有辞职，自己带了吗？"

我也面临过这样的担心，生了老二没人带孩子怎么办。我刚生完老二在家坐月子的时候，恰逢老大上小学，一天要接送老大四趟。没人帮忙根本搞不定，怎么办？

其实，多子女家庭都面临着这样的养育压力，而妈妈一个人扛起所有的事儿，并不是一种好的解决方案。接下来，我们一起来看看怎样通过全家分工的三个法宝，共同承担养育孩子的责任。

法宝一：合理搭配的"多方案组合法"

事实上，无论家里有多少人，明确的分工都可以帮助我们更快地适应二宝到来的生活。

生完老二后，我家的分工是这样的。

老公：负责老大的学习，陪伴写作业，参加家长会。

我：负责老二的喂奶和日常照顾。

保姆阿姨：负责做饭、洗衣服和打扫卫生。（她早上八点上班，晚上八点下班，不住家）

外婆：负责买菜，准备老大的早餐和接送老大上下学。

哥哥：负责自己的日常生活和学习。

在实际执行的过程中，每个家庭成员在完成自己的主要分工之后，都会互相协助。我把老二哄睡后会去陪伴老大写作业。阿姨忙完家务，也喜欢带老二到楼下玩。如果外婆出去买菜，阿姨就去接送老大。老公周末在家，也会带着老二做做饭。因为有了家人的分工合作，我才觉得老二出生后生活并没有想象得那么忙乱。

🚀 **【小测试】养育方案的选择**

多子女家庭的主流养育方案有以下几种，你家是哪种呢？（请打钩）

A. 全职妈妈自己带。

B. 老人帮忙带。

C. 保姆帮忙带。

D. 拼养（是指同一个小区，几个家庭在一起，合作养育孩子）。

E. 将其中一个孩子送回老家。

F. 保育院（接收两岁以下的婴幼儿）。

G. 以上都不是，我家的养育方案是_____。

我们一起来看看不同的养育方案的**优劣势**。

方案	优势	劣势
A. 妈妈自己全职带	**自主**：妈妈可以贯彻自己的养育理念 **安心**：孩子和妈妈始终在一起 **想法自由**：想怎么带就怎么带	**疲劳**：无人换手，特别是两个孩子都要妈妈时 **操心**：事无巨细，家务孩子都得自己管 **身体不自由**：没有自己的时间
B. 老人帮忙带	**放心**：毕竟是一家人，比外人放心 **可靠**：尽心尽力 **爱孩子**：是孩子成年后美好的回忆 **免费**：省一大笔花销 **有经验**：带过孩子 **省心**：老人恨不得把活全干了	**矛盾多**：从养育问题到生活问题，各种矛盾层出不穷 **宠溺**：孩子的好习惯难养成
C. 保姆帮忙带	**选择多**：有住家的，白天来的，钟点工，带孩子的，做家务的，总有一款适合你 **情感需求少**：雇佣关系，不会产生内疚感 **身份明确**：不容易产生育儿理念冲突	**开销大**：每月多一笔开销 **不稳定**：保姆可能会有更替 **难达标**：有的家庭要求高，难以找到合适的

续表

方案	优势	劣势
D. 拼养	**理念一致**：能在一起"拼养"孩子的家长，通常都有相同理念 **有玩伴**：孩子有同年龄层的玩伴 **省时省力**：各个家庭分工合作，比如周一到周五，不同妈妈做饭，解放一部分劳动力	**有时效**：不能一直拼养 **不合适**：拼养家庭的理念难统一 **受限制**：需要离得比较近的家庭一起拼养 **安全性**：拼养可能有监管不严等安全问题
E. 将其中一个孩子送回老家	**爸妈自由**：可以工作 **操心少**：安排工作学习时，可以不考虑孩子的影响	**亲子中断**：三岁以下的孩子长时间不在父母身边，有可能造成严重的负面影响（详见 4.3 节亲子中断的创伤） **手足情谊难**：没有跟兄弟姐妹生活在一起，孩子之间没有良性互动
F. 保育院	**专业**：照顾两岁以下的小孩很有经验 **时间契合**：适合双职工家长	**价格昂贵**：好的保育院收费较高 **分离较早**：孩子年龄小，自理能力差，较早分离，可能导致孩子情绪不稳定

很多父母觉得必须选择一种养育方案，并且贯彻到底。比如，有的妈妈觉得，生完二宝，如果没有老人带，就必须辞职了。事实上，以上这些养育方案，**每种都有优势，可以多种方案并行。**

上班的妈妈可以主要选择方案 B "老人帮忙带"和方案 C "保姆帮忙带"的形式，但是下班之后可以自己带，享受跟孩子们在一起的时光。

全职妈妈可以主要选择方案 A "妈妈自己全职带"和方案 D "拼养"的形式，同时，如果条件允许，仍然可以结合方案 B "老人帮忙带"或方案 C "保姆帮忙带"，请别人分担一部分家务，这样妈妈自己有一些休息和充电的时间。

虽然，我并不赞成把孩子长时间放回老家，但是根据家庭需要，放寒暑假时，方案 E "将其中一个孩子送回老家"可以作为缓冲方案，让孩子回老家一段时间，不要太长，父母保证及时的沟通和探望。（不过使用这种方案时，父母一定要记得，接回孩子的时候用 4.3 节介绍的"修复创伤的三个 8 分钟"跟孩子重新建立连接）

当我们知道，自己有很多养育方案可以选择的时候，就可以根据需要合理安排。

法宝二：赢得家人支持的"黄金圈沟通法"

很多妈妈觉得，生完二宝就完全没有自己的时间了，只能围着孩子转了。

我在生完二宝后的半年内，没有去外地讲课，但是在家复习，参加了二级心理咨询师的考试，同时主办了两期课程，参加了深圳本地两期课程的学习，还带我妈妈参加了一期课程的学习。

每个周二和周四，我还可以出门一个多小时，去做产后瑜伽。

朋友聚会我也没有完全放弃。朋友们会选择在我家附近聚会，让我可以抱着二宝参加。

半年之后，我恢复了正常的讲课工作，每个月都会去外地讲一到两期家长课程。二宝一岁后，我还学会了自由潜水，可以一口气潜到水下 17 米。

很多父母问我："咦？怎么生了老二之后，你的生活还变得更丰富了呢？"

事实上，为了参加学习，我制订了至少五套方案。

方案 A：自己抱着二宝去上课。（二宝六个月之前）

方案 B：带着阿姨或外婆，上课期间她们在外边玩，我在课间给孩子喂奶。

方案 C：如果参加深圳的课程，中午回家喂奶。

方案 D：留存母乳在家，课间挤奶出来。

方案 E：以上方案都无法实施时，放弃该课程。

多子女家庭的妈妈想要在养孩子之余还能工作、学习、有所追求，确实是不容易的。正因为我自己生完二宝还坚持学习成长，我的多子女养育课上也多了抱着二宝来上课的妈妈,她们淡定坦然,从容不迫的状态,给了更多妈妈以勇气!

有没有发现,以上方案,都需要家人的支持和配合,即使是自己抱着二宝去上课,也需要家人的理解。

我是怎样跟家人沟通的呢?我所使用的,就是在我的第一本书《不急不乱　轻松养出好孩子》中,首创的"黄金圈沟通法"。

黄金圈沟通法可以帮助我们跟家人建立沟通的三个层次。

第一层 Goal(目的层)——说明共同的好处。

第二层 Belief(信念层)——说出自己的想法,理解对方的想法。

第三层 Action(行动层)——提出具体的、可执行的建议。

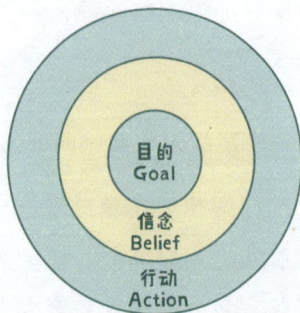

　　举个例子，我想要参加深圳的一个写作课程，使用黄金圈沟通法，我是这样跟我妈妈说的："妈，我想去参加一个写作课程，这个写作课程可以帮助我提高写书需要的写作能力。这个课刚好在深圳开，挺难得的，我很想去学习一下。"（目的层——说明好处）

　　我妈："哎呀，你出去上课，小宝喂奶怎么办呢？别搞这么辛苦啦。"

　　我："我猜你可能觉得我太辛苦了，刚生完孩子，就要出去上课。同时我也担心我出去上课，就没办法给小宝喂奶了，你带他会比较辛苦。"（信念层——考虑对方的想法）

　　我妈："对啊，我其实是不想你太辛苦。"

　　我："这个课程一年才有一次，我真挺希望得到你的支持。我想了几个方案，第一个方案是我自己抱着小宝去上课，这样我辛苦点，但是不会耽误给他喂奶；第二个方案是你跟我一起去上课，小宝吃奶的时候，我就出教室，这样可能你辛苦点，但是小宝还能出去逛逛，不会太闷。第三个方案是你跟小宝在家里，我存点奶在冰箱，中午下课我就打车赶回来，这样中间还可以喂一次。你觉得哪种方案比较合适呢？"（行动层——需要对方具体的帮助）

　　我妈："那我跟小宝在家吧，你也别太累了，中间下课时间短，你就把奶挤出来，多存点吧。"

当我这样跟家人沟通时，总是能得到他们的帮助。虽然看上去很辛苦，但我生完孩子不放弃自己的精神，也在影响着家人。每次上完课，我都会被很多学员围着照相，学员们拥抱我，感谢我，说我影响了很多人。我的妈妈看着我的工作，感受到前所未有的骄傲，她说："原来你所做的这些，给这么多人带来了帮助啊，你这么受欢迎啊。我真挺为我女儿骄傲的！"

这里举的是我讲课的例子，实际上，我的很多学员和朋友，无论是工作还是生活都在效仿这个方法——放下担心，真诚地寻求帮助。妈妈们再也不会抱怨生完小宝没有自己的时间了，而是学会一边养育孩子，一边积极地追求自我成长。

法宝三：改变家人态度的"感恩致谢法"

生大宝时，我妈妈来帮我带了一段时间孩子，那段时间家里就像装了一个火药桶，随时要爆炸，不是我嫌弃她惯着孩子，就是她觉得我跟她说话太难听。

生完二宝，我学会了感恩，不再像养大宝那样总是指责抱怨家人，家庭氛围也好了很多。

生二宝的时候，我已经成为亲子讲师，并且教了六年的家长课，相较而言，我反而更加希望家庭成员用不同的方式来养育孩子，而不是一定要用我教的方法。

我用得最多的是下面这个方法——真诚的感谢。

真诚的感谢包括以下三个组成部分。

A. 具体的贡献（描述事实）。

B. 真诚的感激（表达情感）。

C. 积极的影响（升华贡献）。

我会跟妈妈说："妈妈，你每天都给我们全家买菜，你一个人扛着一大袋子蔬菜和水果回来，有时候手都勒红了，真是辛苦了（描述事实）。妈妈，谢谢你来照顾我（表达情感），还带着小宝陪我去上课，如果没有你，我肯定没有办法恢复讲课。"（升华贡献）

我会跟爸爸说："爸，我看到你这么多年都没带过小孩，现在居然可以给霖霖换尿布哄睡，陪他去公园玩（描述事实），谢谢你愿意做这些（表达情感）。你在家的时候，我觉得特别踏实。"（升华贡献）

婆婆换班来帮我带小孩，我跟婆婆说："妈，谢谢你照顾霖霖，有你在我特别放心（表达情感），我看到你帮助霖霖养成了不少好的生活习惯，他会自己吃饭了，还会自己上厕所了（描述事实），这些习惯的培养你都功不可没啊。"（升华贡献）

我会在全家人一起吃饭的时候，或是家庭会议开始之前，用这样的方式，表达对家人的感谢。

我妈听到这样的话，总会说："哎呀，谁让你是我姑娘呢，我不帮你谁帮你呢？"她这么说的时候，脸上总闪着幸福的光。

我对婆婆表达感谢的时候，婆婆会跟我说："没什么，这是我应该做的。"我工作的时候，婆婆还会专门拍摄两个孩子的视频，告诉我孩子们很好，让我放心。

儿子也会学着我的样子对家人表达感谢，他还会对弟弟致谢："谢谢弟弟陪我玩，给我带来了很多欢乐！"有的时候，他还会代替不会说话的弟弟，表达对其他人的感谢："妈妈，弟弟说谢谢妈妈给他喂奶，谢谢外婆喂他吃饭！还有，谢谢哥哥陪他玩！"

有的人羡慕我有好爸爸，好妈妈，好婆婆，其实，正是因为我不断地向他们表达感谢，他们才更愿意支持和帮助我的。

【微案例】我给妈妈的致谢短信

有些深层的感谢难以说出口，我就会把它写下来，发给家人。

有一次，我抱着小儿子在摇椅上晃，突然就想起来，妈妈小时候也是这样抱着我的。于是，我给妈妈发信息说："妈，我抱着儿子坐在摇椅里，突然想起小时候你抱着我的情形了，就是小学毕业那年，咱们在二楼，你叫我背英文字母的那次。"

妈妈回复我："你还记得啊，我以为你都忘了呢。"

我继续给妈妈发："妈妈，我总是忘记那些不该忘记的，却记住那些没必要记住的。记忆总是在跟我们开玩笑，让我们以为生活中痛苦多过幸福，有了两个宝宝后，我才意识到这一点，其实，妈妈的爱一直都在。对不起，请原谅，谢谢你，我爱你。"

第二天，我收到了她很长的回信。

"小丛：妈妈看到了你发来的短信，你还能记起和妈妈在一起的那些片断，我很意外。我也记得那个夏季的晚上，停电了，屋里很热，我们在屋外乘凉，但蚊子很多，我拿一把扇子不停地呼扇赶蚊子。我和你一边说话，一边看星星，记不得都说了些什么话，总之很开心，很温馨……渐渐地你就在我怀里睡着了。我不停地抚摸着你的头发，心里充满了幸福与满足。"

我回给妈妈：

"妈，这些年我长大了很多，也学到了很多，特别是生了两个孩子之后，就像自己重新从出生又过了一遍。我开始体会到妈妈对孩子的爱，更体会到孩子对我的爱，孩子天生都是爱父母的，无条件地爱着，从他们的眼睛里我可以看到，也可以感受到，他们爱我爱得如此纯粹，就像我爱你一样。

妈，谢谢你给我生命，谢谢你用自己全部的爱养育我，我要用让自己，让自己的孩子过得更好的方式来回报这份爱。相信我，你的女儿一直都在，妈妈在哪儿，女儿就在哪儿。我永远爱你，我的心永远和你连在一起。因为有了这份爱，我们都会走向幸福。"

妈妈的回信：

"丛，在你的心灵深处藏着对我们的爱，这一点，我不怀疑。因为，在你小时候，我们也像你现在爱威威、霖霖一样深爱着你，请你也不要怀疑我们对你的爱，这份爱永远都在，永远不会变质。可能你现在还体会不到，我以前对你外婆也曾有过怨，直到她离开我，我才明白，这个世界上最爱我的人是她，她不富有，也没什么文化，没什么本事，但她付出的是她的全部。

你的外婆，我的妈妈，用她柔弱的肩膀扛起一切伤害，为我创造一个相对安全的成长环境。她走后，我才明白她有多么不容易。看似卑微，实则伟大。我希望我的后代永远远离伤害，我希望有能力保护我的后代。"

妈妈温暖且有力量的回信让我感动了好久，时不时我就会拿出来看看。生了两个孩子，我才深切地感受到，为什么我在做妈妈这件事儿上会这么有力量，因为我的妈妈就是这么有力量。

很多人因为养育孩子跟老人有了很多矛盾，其实，共同养育孩子，何尝不是唤醒我们对自己爸爸妈妈的爱的机会呢？

对自己的爸爸妈妈的这份爱，一直在我的身体里，等待被唤醒……我感谢我的孩子，让我再次成长，让我有机会表达对妈妈的爱。

【作业】填写：给家人的致谢卡片

在我的多子女养育课堂上，我会给每一个学员发一套明信片，这套明信片是我特意找设计师设计制作的，明信片上画上了家庭成员：爷爷奶奶（或外公外婆）、爸爸、妈妈、老大、老二、老小。课程结束的时候，音乐响起，我邀请所有人，把对家人的感谢写在这套明信片上，回家送给支持自己来上课的家人，每一次爸爸妈妈们写的话，都让我非常感动。（关注"妈妈点赞"微信公众号，回复"明信片"即可查看爸爸妈妈们写的致谢的话。）

🌿 如果，你来写这些明信片，你会写上怎样的致谢呢？

🌿 请写下你对至少一位家庭成员的致谢吧！

亲爱的

5.4 "幸福家庭共建法"，营造合作的家庭氛围

一个家庭的氛围，合作还是竞争，将会影响孩子一生的命运。

带两个孩子还能愉快地旅行吗

朵儿带三岁的双胞胎旅行回来。她一见面就跟我诉苦："丛丛老师，是不是有两个孩子，就注定没有办法愉快地旅行了？我真是累死了，再也不想带娃出去旅行了！"

我好奇地问她："为什么啊？孩子们玩得不开心吗？"

朵儿告诉我："孩子们疯玩的时候是挺开心的，但是长途旅行，孩子们吃睡都不规律，两个人累了困了都要找妈妈，还要独占妈妈。老公在一旁想帮忙都帮不上，真是累死我了！"

我告诉朵儿："其实，旅行啊，是检验家庭团队好不好的最佳方式呢！"

"家庭团队？"朵儿疑惑地看着我，"孩子们这么小，怎么建立团队啊？"

我告诉朵儿："无论孩子年龄多大，他们都在家庭这个'共同体'当中追求着价值感和归属感哦。不要小看'家庭团队'这个概念，当全家人都在这个团队中贡献、合作，并培养对家庭成员的兴趣时，很多事情都会变得轻松容易呢！"

　　其实家庭就是一个非常重要的共同体，孩子们最初都是在这个共同体中学习的，他们也希望在这个集体中能够参与和贡献，即使是很小的孩子，也是如此。

　　我们一起来看看，营造多子女家庭合作氛围的"幸福家庭共建法"吧！

组成合作团队，困难任务齐完成

　　在多子女家长课的课堂结束的时候，我常常邀请父母们完成一项作业——制作一张"家庭海报"。

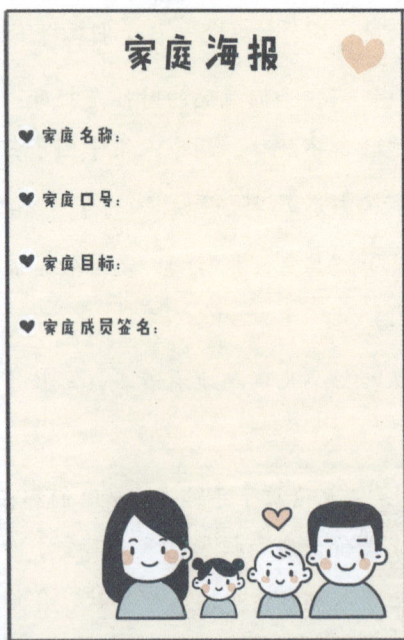

家庭海报是我从成人培训的团队建设中得到的灵感，课堂上我们临时组成"小组共同体"，我们因为有了共同的名字，共同的目标，共同的口号，而拥有了归属感和价值感。

我邀请家长们带领孩子，给自己的家庭团队起一个名字，想一个家庭口号，并且邀请所有的家庭成员在这张海报上留下自己特有的印记，可以是画画，可以是按个手掌印，也可以是贴上家庭成员的照片。然后，向孩子们宣告，我们的家就是一个团队啦！有了团队名称，团队目标，团队口号，孩子们也会拥有归属感和价值感。

我们家的家庭团队叫"西天取经"组合，这个名字是我的大儿子威威起的，威威说："妈妈，我们的西天取经组合齐了！我是孙悟空，弟弟是猪八戒，妈妈是唐僧，爸爸是沙和尚！"虽然怀里的小儿子并没有参与，但哥哥仍然觉得弟弟是家里不可或缺的成员。

既然家庭是一个团队，那么就需要有团队目标。团队目标可以是短期的，也可以是长期的。比如短期目标可以是共同完成一次超市采购，或者一起去长途旅行，而家庭的长期目标可以是实现幸福人生。长期目标需要通过一系列短期目标的实现才能实现。

当我们要完成一些目标的时候，就需要进行分工合作，以一个团队的方式共同运作。

家庭团队共同完成一件有挑战性的困难任务，可以培养孩子们的合作精神。对此，我们可以采用下面的"引导合作四步法"。

第一步，制订工作目标。

家长跟孩子一起挑选一项有挑战性的任务并制订工作目标，比如共同完成超市采购，共同完成一顿晚餐。

第二步，引导合理分工。

制订分工时要考虑到孩子的年龄，根据孩子的年龄特点安排分工。

第三步，保证共同参与。

在完成任务的过程中，必须保证每个成员都有工作任务，不能一人包揽。

第四步，鼓励每个成员。

完成任务后，家长可以跟孩子们一起用"我看见_____，谢谢你_____。"这样的句式对每位成员的贡献表示感谢。

我们家的"西天取经"组合成立后，第一个任务，就是去超市买东西。

我们全家分工，首先一起拟定了采购清单，然后到了超市，大儿子拿着采购清单，带着小儿子，指着需要选购的物品，让弟弟从货架上拿下来。有趣的是，在这个过程中，弟弟也工作得很认真，在哥哥的带领和指挥下，一点都没捣乱，和哥哥一起认真地选东西，非常配合。

家庭团队的合作可以从去超市买东西，打扫客厅这样简单的合作任务入手；也可以从共同制订旅行计划这样较大的合作任务入手，来锻炼孩子们的合作能力。

🚀 【微案例】三个孩子合作完成了一桌美味大餐！

我的两位学员胡先生和他的太太，邀请我去他们家吃了一顿特殊的午餐，这顿午餐是他的三个孩子，十二岁的姐姐，带领着两个弟弟，一个九岁，一个五岁，三个人独立完成的！

孩子们做的菜可不是简单的番茄炒鸡蛋，而是复杂的红烧排骨、酿豆腐、煎茄盒、笋炒肉、烧豆角等，一共八菜一汤！每一道菜都色香味俱全。

我啧啧赞叹之余，问胡爸爸："你是怎么引导孩子们合作完成这么特别的一项任务的啊？"

胡先生用的就是"引导合作四步法"！

第一步：制订工作目标。

这位爸爸说："我觉得生活再苦，工作再忙，都不是忽略'育'孩子的借口。这几天我们夫妻俩要参加培训，我就告诉孩子们，因为爸爸妈妈要培训学习，非常期待这几天能由他们来下厨。经过民主讨论，决定由三个孩子煮两顿早餐，两顿午餐，而且要求孩子们自己去找菜市场，自己去买菜。为了更好地培养他们的合作精神，我们又制订了一个稍微有些难度的目标——第二天中午，我邀请我的老师和朋友来家里做客，一共 14 人，请他们姐弟三个独立完成一顿宴客的午餐。"

这个目标太让我惊讶了，但是，以爸爸对孩子们的了解，这个目标对孩子们来说只比平时高了一点点。事实上，三姐弟中的姐姐从二年级的暑假开始，妈妈就教她做菜了，她平时也会做很多道菜，但都是做给自己的家人吃，从来没有做给过客人吃。这是她第一次主厨，招待 14 位客人！

第二步：引导合理分工。

更让我惊讶的是，十二岁的姐姐并没有觉得为难，拿到这个任务后，姐姐第一时间拿爸爸的手机下载了一个做菜的 APP，马上开始学习和思考。她头一天试做了几道以前不会炒的菜，练习好了，就把它写到第二天的宴客菜单中。两个弟弟在准备的过程中，一起负责去超市采购，洗菜，折豆角，端菜，摆碗筷等打下手的工作。

我还询问了十二岁的姐姐："这么多菜，你是怎么安排时间，才能保证在 12 点之前完成呢？"

姐姐说："我早上六点就起床了，起床后按照昨天定的菜谱，列了采购的物品清单。不过，去超市的过程中，遇到了点困难，但还是解决了。我们回来之后，先做了汤，然后把难炒的肉炒了，再做容易做的。"

我好奇，又问："你们遇到了什么困难呢？"

姐姐说："我们刚出门，老三就说他很累，想回家，不想去。我就一路哄着他，跟他说再走过一个垃圾桶和一棵树就到了。"

我惊讶这个姐姐的极强的统筹安排能力，还有解决问题的能力！爸爸说，姐姐头一天还在投诉弟弟不做事，不听话，今天就学会了感谢弟弟，并在弟弟闹情绪不配合的时候，不冲动，而是想办法去解决问题。这真是多子女家庭特有的锻炼机会啊！

第三步：保证共同参与。

爸爸跟孩子们商量任务的时候约定：这顿宴客的午餐，必须由三姐弟团队合作完成，不能独揽，阿姨不能帮忙，只能做透明人。

我看到姐姐做了很多领导性的工作，同时也做了很多授权。她炒青菜炒到一半，会让老二接手翻炒。姐姐主厨，老二负责洗菜，摆碗筷，端菜，老三负责折豆角，大家都干得很开心。

第四步：鼓励每个成员。

孩子们的潜力是巨大的，关键在于父母要敢于信任孩子，要善于点燃孩子的发动机。当时，所有被邀请的宾客，都齐声感谢孩子："谢谢孩子们为我们做的美味午餐"开心地享受了美味。

爸爸对三姐弟说："我看到姐姐今天一大早就起来准备，带领两个弟弟完成了这么丰盛的一桌午餐，我觉得你做得比爸爸还要好了。这是你第一次主厨为客人做菜，恭喜你升级了技能！

我看到老二今天一直当姐姐的帮手，帮忙洗菜，摆碗筷，谢谢你参与到劳动当中。

老三，听说这个豆角是你折的啊，爸爸觉得这个豆角特别美味。你觉得呢？"

我看着爸爸一个一个地鼓励孩子们，心里很感动。这不就是多子女家庭最珍贵的地方吗？孩子们可以在日常生活中，学会很多美好的品质：合作、贡献、对他人感兴趣……

签订合作协议，执行约定并不难

帮助家庭形成团队合作还有一个神器，叫"合作协议"，这个方法非常适合在一些生活规律被打乱的特殊时候使用，比如春节带孩子回老家，或者假期带孩子去旅游时，这些时候，可以制订一些共同遵守的约定。

带孩子回老家，生活习惯会跟平时的不太一样；出去旅行，常常有意外发生，孩子容易累了倦了。熟人比较多的老家，人生地不熟的外地，爸爸妈妈本身就很容易产生焦虑情绪，再遇上孩子发脾气，就很容易爆炸了。

在旅行之前，父母可以跟孩子们一起商量签订"合作协议"，这样可以极大地避免这种情况的发生。

签订合作协议的四个步骤如下。

第一，告知。

家长把可能会发生的情况提前告知孩子。

比如，去旅行之前，家长可以邀请大一点的孩子加入，一起制订旅行攻略，然后告诉小一点的孩子旅游的行程。

我参加过一个亲子旅行团，组织者提前把一起旅行的孩子们召集起来，开了一个发布会，将要去的景点一一用幻灯片展示的方式，提前告知孩子们。并且发给每个孩子一个地图册，印上每一天的行程，每完成一个行程，可以请老师在自己的地图册盖上印章，就像是探险家完成了一个任务。这么做的好处是，孩子们对第二天的行程非常清楚，并充满期待。

第二，协商。

接下来可以跟孩子一起头脑风暴，思考我们在旅行路上可能会遇到的意外情况，和孩子一起商量出解决的方法，将方法具体到可执行的措施。然后把共同同意的解决方法和对策写到一张协议纸上。

比如，我会跟孩子们商量："到老家遇到不太熟悉的亲戚时，爸爸妈妈告诉你们他们是谁，你们想怎么打招呼呢？"

"如果亲戚朋友们希望你们表演，但是你还不想表演的时候，你可以怎么表达呢？"

"如果旅行的路上，弟弟发脾气了，哥哥可以怎么帮妈妈哄哄弟弟呢？"

"哥哥遇到想发脾气的时候，可以怎么做呢？"

这些问题，我们都会一起头脑风暴，把答案写下来，再用全家投票的方式选择解决方法和对策。

第三，承诺。

请每一位家庭成员在"合作协议"上签上自己的名字，小一点的孩子可以请他们按上手印，做出一个承诺。家长自己也要做出承诺，按照协议执行。

第四，执行。

签订好合作协议后，全部的家庭成员都要执行，此外，还可以选择一位协议监督官（最好由孩子来担任），一旦有谁没有按照合作协议执行，约定一个暗号或手势来提醒对方。

【微案例】愉快的迪士尼之旅

在小儿子 10 个月大的时候，我和老公一起，带两个儿子去香港迪士尼玩。我们共同制订了旅行协议，将路上有可能会遇到的一些意外情况全部都写了下来，还写了应对方式。包括大宝如果在旅行路上发脾气了，可以怎么办？小宝如果突然哭了，可以怎么办？路上找不到厕所，可以怎么办？孩子们玩一个项目太投入，不想离开，可以怎么办？

除了孩子们会出现的意外，我跟老公也写上了我们两个在旅行途中容易发脾气的情况和应对方式。比如，老公提出我在他搜寻饭店时经常不耐烦发脾气，这种情况，我可以怎样平静下来？

在旅行协议中，我跟大儿子约定，如果路上他发脾气，妈妈就会建一个移动冷静城堡——我会张开双臂，然后他靠到我的怀里面，我像一个机器人那样，"咔咔咔咔"慢慢地合上双臂，把他抱在怀里。代表这里是安全的，他可以在妈妈的移动冷静城堡冷静一下。

如果他的负面情绪还是不能够消除，我就让孩子张开大嘴，我做一个非常夸张的姿势，说："妈妈现在要抓出你身体里的情绪小怪兽了！"然后非常用力地把他嘴巴里的情绪小怪兽抓出来，扔到下水道或很远的地方。再问他："情绪小怪兽已经被我抓出来了，你现在有没有感觉好一点？"

当我很想发火的时候，我告诉孩子们我的感受："在旅行的路上，妈妈也会着急、紧张和焦虑，因为意外情况发生的时候，我很担心会应付不了，所以，我很需要你的配合。"

我们把这些问题的答案都写到了旅行协议上，并且让所有人签字，哥哥还拉着弟弟的手按下了一个小小的手印。

我曾经对比过，签订旅行协议相比于不签旅行协议至少可以帮助家长减少孩子们 80% 以上的哭闹！

这些方法都是给孩子们机会，培养他们成为我们的合作者，而不是对抗者。

制订合理家规，把合作变成习惯

当我有了两个孩子后，我突然发现，经营一个家庭，不就像经营一家幸福责任有限公司吗？虽然这个公司团队在不同阶段，有着不同的经营目标，然而最终，都是奔向幸福啊！

因此，我们养育孩子，教养孩子，不也都是为了让我们的家庭可以更幸福，让孩子们的未来可以有好的性格、品质和能力吗？

在生活中，我们可以学会制订"幸福家规"，把合作融入孩子们的日常生活中。

什么是"幸福家规"呢？就是为了家庭日常的良好运作，培养孩子们养成好习惯而形成的全家都要遵守的规则。

制订幸福家规需要符合这样四个原则。

合理性（Rationality）。

正向性（Positive）。

尊重性（Respect）。

帮助性（Helpful）。

父母跟孩子们约定规则时，一定要检查一下，规则是否同时符合这四条原则，只有同时符合，才不是变相的惩罚。

【微案例】我是"冠军"

我去胡先生家做客的时候，观察到他最小的儿子，吃完饭自己把餐具收拾好，清理好桌子，然后将餐具拿到了厨房的水池中，最后跟在座的叔叔阿姨们说："我吃好了，大家请慢用。"

我很好奇，一个五岁的孩子竟然表现出如此良好的教养和合作精神。

原来，是胡先生的家里有一条"我是冠军"的家规，这个家规是，每天吃饭的时候，不能剩饭，桌子上不能掉饭粒，谁剩下的饭最多，谁就是"冠军"——"冠军"

需要负责清洗当天所有的碗筷。

胡先生、胡太太和家里的三个孩子都共同遵守着这条家规。有一次，胡先生吃完饭要参加一个很重要的公司会议。但是这一天，他是"冠军"。于是，他仍然在孩子们面前，把碗洗完了，才去公司开会。

我觉得很有趣，这个家规既培养了孩子们的配合度，又帮助孩子们养成了日常的好习惯，这是一条让家庭变得更幸福的家规。

胡先生家的家规就符合了这四条原则。

合理性：用餐习惯和洗碗的劳动是相互关联的，洗碗也是一项日常的家务劳动，是为家庭做出贡献的一部分。

正向性：这条家规起名"我是冠军"，也很妙呢，确保了行为的正向性，是为了培养好的习惯。

尊重性：父母跟孩子共同遵守规则，规则也是全家共同约定的，这并不是一项惩罚。

帮助性：这条家规的制订，让孩子们养成了良好的习惯，对孩子们的技能发展有帮助。

通过这四条规则，我们也可以检验一下，平时我们跟孩子们约定的规则，是否是"幸福家规"呢？如果我们的家规也是这样的幸福家规，那么可以观察到孩子们的配合度和合作度很高。

在多子女养育的家庭中，创造幸福的方式是这四个代替。

用看见代替比较。

用合作代替竞争。

用鼓励代替刺激。

用信任代替公平。

我相信在这样的家庭长大的孩子，长大后会相扶相持，在这个世界上，继续创造属于他们的世界。

我非常庆幸，我又多生了一个孩子。养育两个以上的孩子，有很多的挑战，但也给了我更多的机会去学习爱。同时，教授多子女养育课程的过程中，我有了更多的机会深入到数百个多子女家庭，去体会不同的家庭氛围带给孩子们的不同影响。

更重要的是，我看到了父母愿意跟孩子们共同成长的**勇气**，这也是我写这本书最大的动力。

> **【作业】实践：制作家庭海报**
>
> 请制作一张你家的"家庭海报"吧，可以邀请孩子们一起，给家庭团队起一个名字，想一个口号，贴上照片，并请全部家庭成员，在这张海报上签上自己的名字，或者按上手印吧。

俩娃以后 精彩依旧

这本书交稿的日子，刚好是我的小儿子霖霖两周岁的生日，也是我的大儿子威威成为哥哥两周年。

弟弟的到来，让我真正体会到一个母亲温柔和坚定并存的力量，两年里，我并没有因为多生了一个孩子而失去自我，我持续学习、研发课程、讲课，写出了两本书，同时，当好一个妈妈。

第二次做妈妈，我感觉我更懂孩子了，也更会爱孩子了，同时也更会感受孩子了。在孩子们的眼里，我感受到了最纯粹的爱和包容。无论我是什么样的妈妈，他们都爱我，他们给我的温暖和支持，一点都不亚于我给他们的。

弟弟的到来，让哥哥的能量场有了翻天覆地的变化。在弟弟出生之前，我常常担心哥哥的性格是不是太过与世无争，但是活泼好动的弟弟总能让哥哥露出笑容，变得热闹起来。

而威威这两年，因为成为了哥哥，发展出很多美好的品质。他从小就会照顾弟弟，给弟弟换尿布、洗澡、做抚触，他会关心弟弟的感受，主动哄弟弟，甚至会用自己的身体去帮弟弟阻挡危险。我从他身上看到了担当、责任感、温柔、爱分享、勇敢……

有些爱是父母给不了的，比如兄弟之爱。哥哥爱弟弟，弟弟也爱哥哥，从两兄弟的每一次互动，每一个眼神，每一次接触，甚至每一次打架中，我都能感受到。

老二的到来让我迎来了亲子事业的高峰，我终于知道我可以为世界留下点什么——我把"多子女养育"变成了我事业的新方向。

两年的时间，我根据从事家庭教育近十年来所学习的心理学体系、积累的案例以及身体力行的实践进行总结归纳，研发出这套实战派育儿的"SECT 多子女养育法"，它的核心理念是看见（See）、鼓励（Encourage）、合作（Cooperate）、信任（Trust）。

从事家庭教育这些年，我面对面教授了 3000 位父母，教授他们如何积极地养育孩子，我也培养了近1000 名家长讲师。在此期间，我见证了太多的改变，当父母真正掌握方法后，就会发现多子女家庭的幸福是倍增的。

我因为爱着我的孩子们，也开始学会去爱他人，去爱这个世界。事实上，我真正学会的是爱我自己，在这条育儿育己的道路上，我自己的改变才是最大的。

生完二宝后，我在一边带两个孩子，一边讲课的情况下，写出了两本书。2018 年 1 月 31 日，樱花丛第一本书《不急不吼 轻松养出好孩子》定稿。2 月 1 日，我开始写自己的第二本书《不急不乱 轻松养育多孩》。

写第一本书《不急不吼 轻松养出好孩子》的时候，我是一边带孩子，一边讲课，一边写书，每天都需要熬夜。所以，那个时候我觉得很辛苦，很疲惫。开始写第二本书的时候，我深刻体会到写书是一场耐力赛，每一天有这么多重要的事要做，如果不改变我的生活习惯，那么书写完了，我的生活可能也完了。

2018 年 2 月 1 日，正是春节期间，我空出整整一个月的时间用来写书，我的爸爸妈妈在深圳帮我带孩子，我们都不回老家，全家都支持我把书写出来。我决定在这一个月里践行跟我以往的生活习惯不一样的"时间管理"的方法。

首先，我列出了一天当中必须做的重要的事。

√ 跟儿子们玩。

√ 看完一本育儿书（积累）。

√ 看一本轻松的书（发散思维，寻找灵感）。

√ 收集资料。

√ 写提纲。

√ 关机写作。

√ 健身。

为了做完这些重要的事，这一个月当中，我最高效的一天是这么度过的：

4:30 ~ 5:00	起床，喝水，敷面膜。
5:00 ~ 7:30	连续写作或查找资料。
7:30 ~ 8:30	小儿子起床，给他穿衣服，喂饭。
8:30 ~ 9:30	我吃饭，换衣服，去开车。
10:00 ~ 12:30	去书店，写作或看书。
12:30 ~ 13:30	吃午饭，处理微信。
13:30 ~ 14:00	休息半小时。
14:00 ~ 17:30	关掉手机，连续写作。
17:30 ~ 18:30	看书。
18:30 ~ 19:30	回家吃饭
19:30 ~ 22:00	陪两个孩子玩，不工作

22:30 前睡觉

有没有注意到，我的作息时间从熬夜，调整到了凌晨 4 点半起床。我告诉自己坚持一个月，就可以完成自己的梦想。事实上，这样的时间安排，让我非常高效。我白天安心工作，晚上回到家，就专心陪孩子，完全不想工作。这样让我最大限度地实现工作和生活的平衡。

很多人问我，怎么做到早起的？其实，很简单，我有了"既想陪好孩子，又想写完书"的目标，所以闹钟一响，我就起来了，这就是"以目的为导向"。

在学会"时间管理"的同时，我也学会了"精力管理"。

写书非常需要正能量，我总结了一些必须要戒掉的消耗能量的事。

（1）不必要的应酬。

2月1日至3月1日期间，整整一个月，我什么朋友都没见，也没有回老家，就是为了避免不必要的应酬。事实上，春节是很好的写书时间。

（2）熬夜、喝酒。

写第一本书的时候，我熬了7个月，身体真的垮了，大家看到我都说我状态不那么好。所以，写第二本书之前，我告诉自己，绝对不能再熬夜了，并且春节我也没喝酒。

（3）负面情绪消耗。

其实关于时间管理，非常重要的是状态管理和情绪管理。写书一定会遇到困难，产生情绪，而关注解决办法可以帮助我处理负面情绪。

（4）限制性的信念

对于写书来说，我还是新手，经常会因为遇到困难不断地否定自己，觉得"我不行""我做不到""我真糟糕"，这些负面的情绪常常阻碍我。我常常告诉我自己，我的这本书是市场的空白，我努力写出来，可以帮助到很多的多子女家庭。

（5）完美主义。

初稿的写作方式是"一鼓作气，先完成，再完美"，我写初稿时，每天都在念这句咒语！

（6）过于繁杂的工作。

我在全身心投入的一个月里，写完了第二本书的70%。但是过完春节，我开始讲课了，有很多繁杂的工作，剩下的30%我花了3个月才写完。因为，新手写书，状态非常重要！断了这个状态，再进入就很难了。

（7）手机的干扰。

这一点非常重要，因为有了手机，一不小心一两个小时就消耗了！更重要的是，有了手机，很难进入"心流"。所以，我每天会保证至少三个小时以上的关机时间，然后，三个小时后打开手机，发现压根没人找我。

当然也有一定不能戒掉的事情，这也是精力管理的一部分，叫"补充正能量"。在写书期间，我每天早上都会做一次面膜，跑步一公里，同时，一个星期去玩一次自由潜水，这是作为妈妈"自己的特殊时光"。尽管时间很紧，但是，每个星期我都保证自己去水里待一待，这让我很放松，压力也全都卸掉了。

事实上，这些习惯在我写书之后也持续影响着我的生活。

经历过这一年写出两本书的磨砺，我的自我状态完全改变了。我开始过得越来越健康，每天早起、跑步、健身、敷面膜、潜水、读书、吃健康餐……慢慢地，马甲线都出来了，皮肤也好了很多。

　　我跟他人的关系也改变了，因为写书，我需要更多地关注他人，不断了解家长的真实案例和真实需求。我变得更加积极主动，热情开朗。

　　写书期间，我也成为了孩子们的榜样，他们看到妈妈积极的状态，也开始模仿。我的大儿子甚至跟着我学会了自由潜水，在不会游泳的情况下，潜到水下四米。同时，我也赢得了家人的支持，只要提到写书，家里人，无论是我爸我妈，我公公婆婆，我老公，俩儿子，都协调自己的时间安排来支持我。他们常常成为我书中的主角，我也会把书里的故事念给他们听。

　　生了两个孩子之后，我的口号是"俩娃以后，精彩依旧"，事实上，在写这本书的时候，我就在身体力行地活出"精彩"。

　　写书这一路，要感谢很多人，感谢秋叶大叔和人民邮电出版社的李社长。秋叶大叔对我的这本书评价很高，他倾尽全力指导我，手把手地教授我写作的注意点。感谢李社长，在我每一次修改后都给予了非常专业的指导意见。

　　感谢阳米科技 CEO，"妈妈点赞"创始人陈慧敏为这本书的前期策划以及后期推广给予了大力的支持。感谢妈妈点赞团队的佳少、姚志梅、江晓璐几位老师，他们专业的操作为这本书增值许多。感谢妈妈点赞团队的插画师紫薇，为这本绘制了丰富的插画，让书的可读性增强很多。

感谢我的搭档樱花丛组合的何小英和魏华，没有她们创造的共同创作的同伴环境，我不可能在一年内写完两本高质量的书。小英老师的新书《不急不催　轻松让孩子学会时间管理》和魏华老师的新书《不急不躁　用游戏让孩子爱上学习》也同样值得大家好好阅读。

感谢上过我的家长课的3000位父母，他们为我研发自己的教学体系提供了大量的实践支持。感谢为我提供了大量实践案例的多子女养育课堂的父母们，他们让我看到"SECT多子女养育法"应用在多子女养育家庭中，切实有效地发挥了作用，改变了多子女家庭的家庭氛围，他们也因为自己的实践，影响了更多人。

感谢我身边多子女家庭的榜样父母们，秋叶大叔、徐燕玲、悄悄、心义爸爸、陈绮、胡春万、粥悦悦、郭琼……从他们身上，我学到了"多子女家庭"的养育智慧，也获得了养育两个以上的孩子的勇气。

感谢我的爸爸、妈妈、公公、婆婆，他们全心全意爱着我的两个孩子，无微不至地照顾着我的孩子，才让我有空余的精力，完成这本书。

感谢我的老公李一鸣，一直是我最可靠的"神搭档"，不仅支持我，还不断地学习，跟着孩子们一起成长。

感谢我的两个孩子，威威和霖霖，我这辈子最幸运的事情，就是成为他们的妈妈！

当妈妈从来不是一件轻松的事，但它却是一件让我内心更有力量的事。

愿你我因为这本书结识的缘分，可以给予彼此力量，让我们一起，"俩娃以后，精彩依旧"。